*«Les mots sont les passants mystérieux de l'âme»*

- Victor Hugo -

# Monique Grinard

entre Zeus et la mante religieuse

**Luc MALEPEYRE**

# Préface

Mars 1982, au Conseil général des Pyrénées-Orientales, une soirée électorale pas tout à fait comme les autres commence.

C'est que beaucoup de changements se profilent à l'horizon politique du Département.

Au delà du traditionnel renouvellement de la moitié des élus de l'Assemblée départementale, apportant comme toujours son lot de confirmations et de surprises, il y a cette année là quatre nouveaux cantons ce qui forcément amène un surcroît d'incertitudes. Et puis, le sénateur Léon-Jean Grégory passe la main après neuf années de présidence, avec la loi du 2 mars 1982, son successeur deviendra donc le premier président de la Décentralisation. Voilà pourquoi, ce soir là, au Conseil général, avec toutes ces nouveautés, l'ambiance est bien différente, entre résultats partiels ou définitifs qui arrivent, apportant bonnes ou mauvaises nouvelles selon le camp où l'on se trouve.

La soirée avance et tout d'un coup, la porte du bureau où sont réunis le premier vice-président et quelques amis, s'ouvre devant l'entrée tonitruante de Monique Grinard, la nouvelle élue du nouveau canton de la Côte-Radieuse qui s'exclame : «*Président, me voici, je suis à votre disposition !*»

Bon, Monique, on se calme, on ne sait pas encore qui va succéder à Léon-Jean Grégory, même si la première phrase que tu as prononcée au Conseil général, résonne encore dans ma mémoire comme une prémonition puisque celui à qui elle est adressée sera en effet élu président le vendredi suivant.

Plus tard Monique, tu m'accueilleras dans cette même Assemblée, et durant les années où nous siègerons ensemble, tu me rappelleras souvent cette entrée fracassante. J'entends encore ta voix me dire : «*Tu te rappelles petit....*» et tu partais dans un grand éclat de rire.

Monique m'a toujours appelé «*petit*», même si elle pouvait, sans problème, me passer sous le bras, et même si Jacques (1), député farceur, ne lui avait pas, ce jour-là, confisqué ses chaussures qu'elle enlevait toujours lorsque nous étions en session. La musique

---

*(1) Jacques Farran*

avait Rhoda Scott, l'organiste aux pieds nus et nous avions, nous, Monique, la conseillère sans souliers. Au delà des sourires et des anecdotes, je me souviens surtout de celle qui arpentait son canton, qui défendait avec passion la côte, sa chère côte, qu'elle fut ou non radieuse, les ports, la pêche. Je me souviens de sa voix légèrement rauque, des colères homériques dont elle était capable lorsqu'elle jugeait que nous ne l'écoutions pas assez. Je me rappelle aussi ses éclats de rire et l'humour dont elle pouvait faire preuve dans les moments les plus difficiles.

Et comment évoquer Monique sans parler de sa gentillesse ? Toujours prête à aider les autres, à les écouter, à les conseiller. Petite par la taille, certes, mais tellement grande par le cœur, d'une fidélité jamais démentie, fidèle à ses convictions, à ses engagements, fidèle à ses amis, une qualité qui devient rare de nos jours dans la vie politique et même dans la vie tout court.

Monique, tu as été élue, tu as été trahie aussi comme tant d'autres avant toi et comme tant d'autres le seront après toi, mais tu es toujours restée la femme de cœur que j'ai connue et aux côtés de qui j'ai eu l'honneur de siéger au Conseil général.

Quelques personnalités aux qualités humanistes ont marqué ma vie et mon engagement politique, tu en fais partie, je sais que tu ne changeras jamais et je t'en remercie.

**Jean-Luc Malé,** enseignant spécialisé,
conseiller municipal de Sainte-Marie,
délégué aux nouvelles technologies et à la sécurité,
conseiller communautaire à Perpignan-Méditerranée
Communauté d'Agglomération (PMCA).

# Avant-propos

Ce livre est le premier volume d'une collection insolite et originale, qui s'intitule : *«66, Confessions intimes de gens d'ici»*.

Son ambition est de faire revivre un pan de l'histoire politique contemporaine du département des Pyrénées-Orientales, à travers les témoignages de personnalités qui, à un moment donné de leur carrière, dans leur existence, ont occupé tout ou partie de la scène publique locale.

C'est volontairement que les femmes et les hommes qui sont encore aux commandes et aux responsabilités sur le sol roussillonnais, ont été écartés de cette sélection.

Ainsi, c'est sans langue de bois, loin de toutes sornettes et autres fariboles préfabriquées pour les discours officiels, en dehors du contexte feutré et javellisé pré-établi par le politiquement correct, en l'absence d'éventuelles pressions aussi, que les interlocuteurs rencontrés peuvent s'exprimer en toute liberté.

Aux côtés des vécus recueillis, par des heures de paroles enregistrées et des actes vérifiés précautionneusement, un travail d'historien s'appuie sur les articles de presse publiés à l'époque des faits revisités.

C'est l'addition de ces démarches, la compilation de situations plus ou moins historiques, l'objectivité en toutes circonstances, la confiance et la sincérité des personnes rencontrées, qui ont permis l'élaboration de ces biographies d'un nouveau genre.

Cette collection mêle des destins croisés et offre de passionnantes retrouvailles entre gens sur un même territoire. Que cet espace physique s'appuie sur une géographie intérieure ou sur des paysages plus étendus... C'est un peu comme si, le temps des souvenirs, l'air du temps nous permettait de délaisser la course aux tubes pour se consacrer aux chansons du répertoire ancien, afin de «respirer» autrement et, peut-être, de mieux comprendre les refrains actuels.

A l'arrivée, c'est notre mémoire qui a tout à y gagner.

**L'auteur**

**C'était une autre époque...**

Monique Grinard aura tout (ac)cumulé dans sa vie, privée et publique : les bonheurs et les malheurs, les joies et les peines, les fonctions et les responsabilités, les amis et les déceptions, les coups de gueule et les emmerdes, la fiction et la réalité, les coups de bluff et la vérité, les gags et les histoires, l'Histoire et l'avenir, le luxe et la misère, la critique et les artistes, les chiffres et les lettres, la réussite et la faillite, l'amour qui rit et l'amour qui pleure, l'essentiel et le superficiel... Tout, tout, tout !

Tout cela la rend différente, unique, à plus d'un titre. Déjà. Tout cela fait d'elle une femme volcanique.

Finalement, le seul cumul qu'elle n'aura pas osé, et dont elle ne s'est d'ailleurs semble-t-il jamais préoccupée, qui fait d'elle encore plus une femme entièrement à part : c'est le cumul des mandats. Elle reste à ce-jour, seize années après avoir quitté l'hémicycle départemental, au sein duquel elle a représenté le canton de la Côte-Radieuse pendant deux mandats (1982-1988 et 1988-1994), une exception qui confirme la règle. C'était une autre époque.

Monique Grinard a été élue conseillère générale du canton de la Côte-Radieuse en 1982. La première fois fut la bonne. Car c'était là, en effet, la toute-première fois qu'elle se présentait à une élection. Si l'on excepte, bien sûr, son élection à sa naissance, en 1925, au titre de «*Plus beau bébé de Cognac*»... Ce n'est pas une boutade !

Elue en 1982, réélue en 1988... et battue, à cause des siens, en 1994, elle aura fait mentir le proverbe «*Jamais deux sans trois !*». Quand on vous le dit, qu'il n'y en a pas deux comme elle, dans le département.

Elle a donc été à la tête du canton le plus puissant du Conseil général des Pyrénées-Orientales, puisqu'à l'époque où elle tenait les rênes - et les rêves - de la Côte-Radieuse, ce territoire cantonal englobait trois des dix communes les plus peuplées du 66 : Cabestany, Canet-en-Roussillon/ Saint-Nazaire (encore unies en 1982) et Saint-Cyprien. Aujourd'hui, celui-ci a littéralement explosé en trois cantons. C'était une autre époque.

Les «coco-boys» qui l'entouraient, qui en avaient fait une sorte d'égérie de la Côte, avaient tellement le vent en poupe à ses côtés qu'ils se sentaient des ailes pousser pour se lancer dans des tas de défis. Ils avaient réussi à faire de la section locale RPR de Canet-en-Roussillon la plus importante, en nombre d'adhérents, de France, dans les années 80. Les banquets qui étaient organisés dans la salle du restaurant «Le Scoubidou», à Canet-plage, ont rassemblé jusqu'à près de 400 personnes, même en dehors de toute confrontation électorale. Chaque membre de ladite section politique était à jour de sa cotisation annuelle, qu'il payait avec ses propres deniers et non en puisant dans la besace d'un parlementaire du cru soucieux d'acheter des cartes façon «lots promotionnels» pour s'assurer, ou plutôt se payer une investiture. Elle, impulsive, serviable et toujours à l'écoute des autres, n'a jamais fait ça (son mandat d'élu) pour l'argent. Elle a toujours tout payé : les meetings, les repas où elle invitait à tour de bras pour remercier celles et ceux, sans exception, qui ont retroussé les manches pour ses campagnes. La politique n'a jamais été un métier pour elle ; à l'inverse de beaucoup d'élus, elle avait un vrai métier en dehors du Conseil général. C'était une autre époque.

Sa première campagne électorale a été un grand moment. Certes, les uns comme les autres, parmi les candidats en compétition pour ravir le fauteuil à Simone Parrot, l'élue communiste sortante qui se représentait, ont franchi à plusieurs reprises la ligne jaune (désormais blanche). De fourberie en duperie, de feinte en supercherie, les coups fourrés étaient légion. Ils s'en sont donnés, du fil à retordre ! Ils s'en sont coupés, de l'herbe sous les pieds. Ils s'en sont mis, des bâtons dans les roues. Parfois même, cela ressemblait à de la vendetta. Comme cette fois où le «porte flingue» d'un candidat (qui pourrait être une candidate), a enfermé trois colleurs d'affiches d'un(e) adversaire dans la Renault 5 de leur candidat(e), entourant le véhicule de plusieurs cordes de pêche, pour en bloquer les portières en neutralisant les poignées, l'amarrant à sa Mercedes pour les traîner ailleurs... Cela se passait sur la route entre Saleilles et Alénya. Puis l'une des cordes devait céder  et la Renault 5 partait dans le fossé. Fort heureusement, plus de peur que de mal, il n'y eut (ce jour-là) aucun blessé à déplorer lors de cette embardée. Quand à l'homme à la Mercedes, blanche, il a passé la nuit à la repeindre en rouge pour ne pas être identifié. Dans les jours qui ont suivi, ses voisins n'y ont vu que du feu ; ils ont cru que celui-ci avait dû gagner au loto ou faire un héritage, pour s'offrir une seconde limousine... Celle-ci sentait pourtant la peinture à plein nez. C'était une autre époque.

Les fins stratèges de l'hémicycle départemental pourront toujours dire *«qu'elle ne brillait pas en permanence pour ses mots d'esprit»*, mais son comportement de femme excessive, pour les bonnes causes, l'a définitivement rendue inoubliable, elle. Tous les personnels du Conseil général des Pyrénées-Orientales sont formels à ce sujet : «*Certains élus, on les a tellement oubliés qu'on ne se souvient même pas s'ils ont été élus un jour, s'ils ont siégé une fois, alors qu'elle, Monique Grinard, c'est vraiment quelqu'un de marquant*». Un chauffeur de cette collectivité territoriale témoigne : «*C'était une femme généreuse, gentille, sympa... Qui nous confondait souvent avec des taxis ! Car chaque fois qu'on la raccompagnait chez elle, elle voulait nous donner des sous. Elle insistait jusqu'à ce qu'on accepte. On lui disait «mais madame Grinard c'est notre métier, c'est notre travail, on est payés pour ça, pour vous transporter»... C'est vraiment une femme généreuse. D'ailleurs on s'est toujours demandé qu'est ce qu'elle faisait à droite car sa place était à gauche, côté social en tout cas ! Elle ne voulait rien savoir. Elle nous invitait chez elle. Quand c'était l'heure des repas, il y avait toujours une coupe de champagne qu'elle nous offrait avant de passer à table... Je l'ai même vu distribuer de l'argent pour aider des gens en galère à la suite des inondations à Saleilles. C'était émouvant... Elle nous payait à manger tout le temps quand on était en déplacement, à Montpellier, à Toulouse...*». C'était une autre époque.

Monique Grinard, une femme de convictions, c'est incontestable. Et c'est incontesté. Même dans les rangs de celles et ceux qui ne partagent pas ses idées. Idées gaullistes, notamment, pour lesquelles elle s'est battue. Et battue. Encore et encore. C'est en «camarade syndiqué» qu'elle a souvent «*défendu les pauvres et les orphelins*», raconte l'un de ses anciens collègues du Conseil général : «*Sur un plan relationnel, elle était bien avec tout le monde. Quand elle se foutait en rogne, qu'elle s'attaquait par exemple à la gauche au sein de l'Assemblée départementale, ça déménageait ! Certains lui reprochaient un orgueil démesuré, l'impression d'être indispensable, parce que toujours prête à se rendre utile, mais, elle, c'est toujours avec véhémence qu'elle se manifestait, qu'elle montait au créneau... Son succès populaire vient certainement du fait qu'elle a fait des salamalecs aux gens, mais surtout parce qu'elle a bénéficié d'une filière professionnelle qui lui a permis de se tisser un formidable réseau avec les comptables, les bouchers, les artisans... Elle s'est créée un noyau de personnes qui ne pouvaient pas ne pas voter pour elle, c'est aussi simple que ça ! Elle se positionnait. Elle était capable de faire le siège du bureau d'un contrôleur fiscal pour sauver un de ses clients. Elle était devenue la terreur de certains inspecteurs des impôts, tellement elle était capable d'éclats de voix*». C'était une autre époque.

Connue et reconnue également pour ses blagues, pour son culot, pour son aplomb, pour sa façon de le faire au chiqué, de le faire à l'estomac... C'était à Céret, en décembre 1993, au restaurant «La terrasse au soleil», pour l'inauguration de l'extension du Musée d'Art Moderne de Céret par François Mitterrand, Président de la République Française. Monique Grinard fait partie des invités, à la demande d'Henri Sicre, alors député-maire socialiste de Céret. Le parlementaire a placé l'élue de la Côte-Radieuse à la table de son épouse, où le nom d'un ancien ministre socialiste, Pierre Joxe, figure également sur le plan de table. Ce dernier arrive un peu en retard et s'asseoit entre Mmes Sicre et Grinard. Illico, elle ne peut s'empêcher de planter le décor : «*Nous ne sommes pas du même bord, monsieur Joxe, donc si vous le voulez bien on ne parle pas de politique. Ainsi, vous allez voir, nous allons bien manger ensemble... On va se régaler !*».

A la fin du repas, ravi des mets qui lui ont été servis lors de ce déjeuner, séduit par l'accueil qui a été réservé à la délégation, il se lève pour porter un toast et féliciter le chef-de-cuisine, sa brigade ainsi que toute l'équipe en salle. En levant son verre, Pierre Joxe loue les plaisirs d'avoir pû «*goûter un si excellent muscat de Frontignan*»... Ni une ni deux, Monique Grinard, qui ne se démonte jamais dans ces moments-là, attrape l'ancien ministre de l'Intérieur et de la Décentralisation par le bas de sa veste, le fait plier jusqu'au colback et lui glisse dans le creux de l'oreille : «*Plus jamais ça ! Ne dites pas ça, ici nous avons le meilleur muscat du monde, c'est bien connu, nous sommes un pays de producteurs, c'est le muscat de Rivesaltes et c'est celui justement que vous avez dans votre verre... Du muscat de Rivesaltes !*». C'était une autre époque.

Les adieux de Jean Olibo. Elle était là lorsque, en 1989, le maire de Saint-Cyprien tire sa référence. Il ne se représente pas. Et, comme on dit, il a eu du flair en ne remettant pas ça, en évitant les pièges de «l'élection de trop». Olibo, ce sont Les Capellans, ce sont des aménagements pour préserver le côté lacustre-identitaire de Saint-Cyprien, c'est le golf, des anecdotes à la pelle et précieuses parce que mettant en scène des situations et des rencontres qui sont inenvisageables, inimaginables aujourd'hui, tellement rocambolesques et incroyables à la fois. Justement, à propos du golf, Jean Olibo racontait à l'époque de sa création, dans les années soixante-dix : «*La scène se passait à la capitainerie du port de Saint-Cyprien. Il y avait là un groupe de promoteurs, d'investisseurs, une cinquantaine en tout. Tous originaires des îles britanniques. Tous avaient un verre de banyuls à la main. Nous ne fêtions rien de particulier. L'un de ces Anglais, un certain M. Hames, s'est approché de moi, et il m'a parlé d'un golf. Venant d'un Anglais, et connaissant leur passion pour ce sport, je n'ai pas hésité, j'ai compris que c'était sérieux*». Et la décision de créer un golf à Saint-Cyprien a été prise juste le temps d'une conversation apéritive. Mission impossible de nos jours. C'était une autre époque.

La chute de Jacques Coupet. Elle était toujours là, Monique Grinard. C'était également en 1989, lorsque Coupet n'écoutant que son caractère, n'en faisant qu'à sa tête comme d'habitude, et malgré les signaux alarmistes auréolant une fin de mandat très critiquée dans l'opinion publique et les médias, s'est lancé à nouveau dans les municipales. La conseillère générale du canton de la Côte-Radieuse, elle, n'a pas fait la même erreur qu'en 1983, lorsqu'elle a voulu - et échoué dans sa tentative - s'installer dans le fauteuil de maire de Canet. Cette fois-là, elle s'est mise en retrait. Avec le temps, pourtant, le bâtisseur Coupet avait imposé la rime de son patronyme avec Canet... Souvenez-vous, le fameux Musée du Père-Noël, sur une idée géniale de son copain Jean-Claude Baudot, ami d'enfance du publicitaire Jacques Séguéla (avec lequel il a fait un tour du monde en 2CV en 1958-59), viticulteur dans le Rivesaltais, du côté d'Espira-de-l'Agly (Mas Méric), tour à tour publicitaire comme son pote, producteur télé et écrivain avant qu'une âme de gosse le rattrape pour lui coller une étiquette supplémentaire, celle de collectionneur. Ce doux rêveur a même dressé l'arbre généalogique du Père Noël, après donc l'avoir installé en résidence estivale à Canet-plage. C'était dans les années quatre-vingt. La décennie incontrôlable d'un Coupet s'ancrant dans des idées folles... Comme d'ambitionner de faire de sa commune le port de la principauté d'Andorre. Et de relier les deux avec un téléphérique... Jacques Coupet a même réfléchi un temps à la mise en place du «métro du Père Noël » : une ligne de chemin de fer entre la gare SNCF de Perpignan, l'aéroport de Perpignan-Rivesaltes, Canet-plage et Saint-Cyprien ! Il avait fait plus qu'y réfléchir puisqu'une étude avait été engagée et menée à terme par la DDE (Direction départementale de l'Equipement). Plusieurs arguments avaient été avancés à l'époque par le maire de Canet-en-Roussillon, c'était en 1988, à commencer par l'explosion du nombre de voyageurs de la CTP (Compagnie des transports perpignanais), sur la ligne Perpignan-Canet, durant les trois mois d'été : de 140 000 à l'été 1985 à 260 000 à l'été 1988. Monique Grinard, au moment de la chute de Jacques Coupet, dresse un bilan plutôt positif du maire de Canet-en-Roussillon : «*Je ne prendrais que l'exemple des musées qu'il a mis en place. Celui du Père Noël avait positionné Canet, en terme d'image et d'attraction touristique, sur le même plan que le Prieuré de Marcevol, à Arboussols, le Château royal de Collioure ou encore le Château médiéval de Castelnou. En ce sens, il a été un maire visionnaire*». C'était une autre époque.

Puis sont arrivés les phénomènes Arlette Franco, à Canet-en-Roussillon, et Jacques Bouille, à Saint-Cyprien. Deux villes qui sont aujourd'hui sous les phares d'une certaine actualité, dont les projecteurs des médias ne cessent d'éclairer les contours et les saynètes de boulevard au quotidien. Deux méthodes, ou plutôt deux systèmes, qui trouvent leurs racines, leur éclosion, dans ces municipales de 1989. Franco et Bouille : tout semble les éloigner et les rapprocher en même temps. Pourtant, les trajectoires sont si différentes. Arlette et Jacques : complices la semaine pour le boulot des cérémonies officielles et autres stratégies électorales, adversaires le week-end dans l'intimité familiale ; la manœuvre est délicate. Ils rivalisent poliment dans la même cour de récréation, rue de l'Ange à Perpignan, celle de la fédération départementale du parti chiraquien, le RPR. Où ils ne sont pas en odeur de sainteté malgré les apparences et malgré leurs indéniables succès électoraux : «*lui se prend pour Zeus, elle est une véritable mante religieuse*», résument les caciques de la chiraquie roussillonnaise, qui observent et comptent les points... Dans ce climat ambiant, Monique Grinard n'a pas fini d'en baver, d'en voir des vertes et des pas mûres, sa place est de moins en moins tenable. Elle est celle qui gêne, celle qui, par sa fonction cantonale, son mandat d'élue de la Côte-Radieuse, fait de l'ombre aux nouveaux maires de Canet-en-Roussillon et Saint-Cyprien. Pourtant, en restant dans les coulisses lors des municipales de 1989, elle pensait avoir démontré, s'il le fallait encore, qu'elle n'avait aucune ambition sur ces deux villes. Cela n'est pas suffisant. Monique Grinard doit disparaître de l'échiquier départemental, politiquement s'entend. Ils l'ont programmé dans leur plan de carrière. Cela a déjà été décidé en haut-lieu : le pacte est scellé entre Arlette Franco et Jacques Bouille. Il fonctionnera comme sur des roulettes, sans la moindre anicroche, jusqu'à la défaite électorale de Monique Grinard.

Voici venu le temps des trahisons... Nous sommes déjà en

1994. Elle a beau ne pas être en sucre, être au contraire solide comme le Pont-Neuf, tout acte de résistance de sa part est d'avance voué à l'échec. Le rouleau-compresseur de la «fausse compagnie» est en marche, les sycophantes se succèdent à la conduite. Les temps n'ont pas changé ! L'époque est la même.

A 84 ans, Monique Grinard vit depuis 2001 dans le quartier de l'Europe, rue de Suisse à Canet-plage. Tous les matins, elle est debout à 6 heures et demie. Parfois, elle se risque à une grasse matinée jusqu'à 7 heures. Très rarement au-delà. Car sur son balcon, tout le monde l'attend : les pigeons, les tourterelles... jusqu'aux mouettes ! Le spectacle est insolite. Puis elle nourrit des chats à l'extérieur. Et enfin le sien. Cet amour pour les animaux, illimité, l'a conduite à s'engager fortement auprès de Monique Ormières, dans le refuge «SOS-Animaux» sur la route de l'aéroport de Perpignan. C'est encore là l'expression de sa générosité.

Sa carrière politique fut avant-tout une bataille pour les petites gens, elle continue le combat. Même si elle n'a plus les moyens d'autrefois. «*Je suis née nue et je sais que je mourrai nue*», se plait-elle à claironner. «*En ayant fait du bien aux autres. Aujourd'hui, ma seule richesse, c'est ma santé, c'est ce qui importe le plus, non ? Moi, je vis heureuse, je n'ai pas de regrets*». Les convictions et les vibrations sont toujours là. Intactes.

Chaque année, pour le jour de l'An, elle fait son grand écart, devant un cercle composé d'amis et de proches. Elle a réduit la dose, car il y a quelques années encore elle le faisait aussi, son grand écart, pour son anniversaire, le 2 décembre : «*Deux fois dans un seul mois, cela faisait trop*», se plaint-elle en mode ironique «*et puis maintenant il me faut une chaise à proximité pour pouvoir me relever !* ».

Elue conseillère générale, elle avait pris l'habitude de relier Canet-plage au port de Saint-Cyprien à la nage. Elle le faisait déjà à l'âge de 15 ans. Elle aurait même lancé un défi, sur cette étape, à une championne de natation, une certaine Arlette Franco...

Dès qu'elle se lève, direction la cuisine pour un bon café au lait, préparé à l'ancienne dans une casserole - «*J'y tiens !*» - deux biscottes avec du pain, du beurre (des Charentes de préférence) et de la confiture d'abricot. Et son journal. «*C'est le meilleur moment de la journée. Je fais les mots croisés. Je respire*». Puis c'est la salle de bain. Un premier tour à la boîte-aux-lettres, car on lui laisse souvent des mots, en dehors du passage du facteur. Elle est toujours très sollicitée. Elle reçoit même des coups de téléphone, de gens qui l'appellent à la recherche d'un logement, d'un conseil, d'une aide sociale, etc. Elle remplit les déclarations d'impôts sur la fortune de personnes âgées qui ont toujours été ses clientes lorsqu'elle exerçait...

Puis, jusqu'à 15 heures, Monique Grinard ne répond plus. Sauf à aller donner un coup de main à son fils Daniel et à sa compagne Joëlle, à la plonge de leur restaurant «La Table», sur le front-de-mer, près du port à Canet-plage. Sinon, la majeure partie de son temps, n'insistez pas ! Elle est clouée devant son feuilleton télévisé préféré. Les mardis et mercredis, c'est carrément jusqu'à 16 heures qu'elle est injoignable, à cause de l'émission «Question au Gouvernement», en direct du Sénat ou de l'Assemblée Nationale...

En fin d'après-midi, il lui arrive régulièrement de recevoir des personnes, toujours pour donner des conseils... *«Je ne peux pas m'en passer. C'est ma vie...»*.

La fervente gaulliste qu'est Monique Grinard a accepté de se confesser sans détour, sans fard et sans concession.

## Chapitre I

# De Cognac à Perpignan

Monique Grinard, Galleteau de son nom de jeune fille, est née le 2 décembre 1925, à Cognac, dans le département de la Charente.

Fille d'Yvonne, qui n'exerce pas d'activité professionnelle, et de Roger Galleteau, chef d'entreprise, lorsqu'elle arrive dans le foyer elle a déjà une sœur, Gisèle, née un an auparavant, et aura un frère, Roger, cinq ans plus tard.

Son père, industriel, est à la tête d'une fonderie qui emploie une centaine de personnes. L'entreprise, spécialisée dans la fabrication de grosses et lourdes pièces pour les bateaux (ancres) et les tracteurs, est implantée sur le littoral charentais, à Châtelaillon-plage.

Géographiquement et touristiquement parlant, Châtelaillon-plage est à la ville de La Rochelle ce que Canet-en-Roussillon est à Perpignan, ou encore ce que Palavas-les-Flots est à Montpellier. La station-balnéaire étale sur le front-de-mer de luxueuses villas construites par la bourgeoisie rochelaise. Châtelaillon s'étire le long de l'océan Atlantique, face aux iles et à Fort Boyard, site désormais rendu célèbre par une émission télévisée diffusée sur France Télévision.

Roger Galleteau est un patron très estimé et particulièrement imaginatif. Depuis sa société, dont il a transformé son modeste bureau en un véritable laboratoire d'idées, il ne cesse d'innover ; il dépose brevets sur brevets, s'intéresse aux machines-outils mais également, par exemple, à un système qui entrera dans la fabrication, au niveau du goulot, de bouteilles pour une marque de cognac légendaire.

Dynamique dans les affaires, dans ses affaires, Roger Galleteau trouve quand même le temps pour s'investir à l'extérieur : il se retrouve notamment à la tête du Comité des fêtes de Châtelaillon.

A cette époque, à son époque, Châtelaillon brille sous les feux de la rampe. Les artistes, et non les moindres, à la réputation souvent internationale, défilent sur la scène de son casino, le «Casino Emeraude», bâti carrément sur la plage en 1893.

Au début du siècle suivant, Châtelaillon écrit alors les plus prestigieuses pages de son histoire... C'est dans le sillage de ce père plein de vitalité, que l'on dit très bel homme, à l'élégance du vrai chic parisien, toujours tiré à quatre épingles, et à la curiosité indémodable, que la petite Monique va découvrir le milieu artistique. Ainsi, elle n'a jamais oublié les interminables soirées passées avec le clarinettiste et saxophoniste Sidney Bechet, qui, entre deux concerts, entre deux festivals à Paris, trouvait toujours un prétexte pour venir se produire dans le casino de Châtelaillon... ou sur la scène du théâtre municipal de Cognac, où la grand'mère maternelle de Monique Galleteau est concierge.

- «*A chaque pièce et tournée programmées au théâtre municipal*», raconte-t-elle, «*la famille assistait aux répétitions, aux séances d'habillage et de maquillage... Je me faufilais même jusque dans la loge du souffleur ! C'est comme ça que nous avions très bien connu de nombreux artistes, comme Joséphine Baker par exemple. C'est là que j'ai commencé à faire mes premiers pas dans la comédie, je faisais des pointes, je voulais être danseuse étoile. On allait chez la danseuse étoile Olga Chassaigne, nos pères étaient amis. Ils avaient une grande résidence à Limoges, et quand on allait les voir je ne faisais que des pointes dans leur maison. Je les faisais sans souliers !*». Plus tard, à Perpignan, près de la Citadelle où les Galleteau avaient élu domicile en arrivant dans les Pyrénées-Orientales, c'est la même petite Monique qui se précipitera sur la place des Esplanades, chaque fois qu'un cirque s'y produira : «*J'avais un numéro bien à moi qui m'avait rendu célèbre sur la place, je faisais des figures, notamment une sorte de pont en passant ma tête entre les jambes et tout le corps ensuite. J'étais N° 1 !*».

Les Galleteau sont profondément ancrés dans cette partie du sud-ouest. On retrouve d'ailleurs leurs traces en remontant dans le temps jusqu'en 1620, à La Rochelle, et plus précisément du côté de la Tour Sergent Pommier, un quartier où s'enracinent les origines familiales.

Au début des années 30, l'entreprise Galleteau rencontre quelques difficultés commerciales. Le marché local n'est plus ce qu'il était, la récession est passée par là, et en économie aussi les apparences peuvent être trompeuses.

Les coûteuses et diverses passions de Roger Galleteau n'arrangent pas la situation. Bien au contraire. Celui que l'on définit comme généreux, celui qui est souvent présenté comme un sauveur «plein aux as», toujours prêt à mettre la main à la poche pour des causes caritatives, est aussi un grand séducteur. Mais l'air du temps charrie surtout l'image d'un patron, certes très apprécié, qui aurait fait de mauvais choix stratégiques. La rumeur devient insistante. Du coup, l'entreprise connaît des revers, accumule les échecs et voit sa trésorerie fondre comme neige au soleil.

Avant de travailler pour le roi de Prusse, de se retrouver sur la paille, à la rue et réduit au bâton blanc, parce que dans l'obligation de se séparer de sa société et de tout son personnel, Roger Galleteau décide, sur les conseils d'un proche installé à Toulouse, M. Legmarie, de quitter la région. Il part, comme on dit alors, se refaire une santé financière ailleurs, sous le soleil du Roussillon plus exactement, à Perpignan très précisément.

Il débarque à Perpignan un beau matin de 1934, avec famille et bagages. Cet ami toulousain, bien implanté en Midi-Pyrénées et Languedoc-Roussillon, lui ouvre de nombreuses portes socio-professionnelles, et l'incite à s'appuyer sur sa formation initiale de comptable pour, en quelque sorte, redémarrer sa vie professionnelle. Ce qu'il fait.

Roger Galleteau change donc de métier pour se consacrer maintenant à l'expertise-comptable.

En quelques mois, sur les conseils avisés de M. Legmarie qui l'introduit dans des milieux qui comptent, il crée, rue de la République, au cœur du chef-lieu du département des Pyrénées-Orientales, un cabinet qui va rapidement s'imposer dans la vie sociale et économique locale. C'est alors le plus grand cabinet d'experts-comptables de la ville. Il embauche jusqu'à 20 salariés en même temps, avec des antennes de 4 à 6 employés à Pamiers (département de l'Ariège) et Béziers (Hérault).

A l'étroit dans ses murs, le cabinet perpignanais déménage à plusieurs reprises, d'abord pour s'installer sur plusieurs niveaux rue du Docteur Pous, toujours dans le centre-ville de Perpignan, enfin en banlieue, au Mas Guérido, à Cabestany.

Avant d'en arriver là, sa petite entreprise réussit à devenir incontournable dans certaines branches socio-professionnelles, décrochant contrats sur contrats, comme s'il s'agissait d'un héritage patrimonial qu'on se passe de père en fils, etc. C'est notamment le cas avec le puissant Syndicat départemental des bouchers d'alors. Les deux entités ne se quitteront plus et collaboreront ensemble pendant plusieurs décennies.

Pendant ce temps, Monique s'installe dans «son» Pays catalan. Tous les jeudis, quand elle n'a pas classe, elle s'invite tout naturellement dans le bureau de son père. Elle fait ses premiers pas dans la scolarité perpignanaise à l'école Jean Macé.

Au collège, elle se souvient surtout des cours de physique et chimie. Ses camarades de classe ne sont pas prêts de l'oublier, non plus : «*C'est vrai,* raconte-t-elle, *que j'ai eu l'occasion de faire sauter ma classe plusieurs fois... Rien de méchant, mais avec moi ça faisait souvent boum lors des travaux pratiques. Je faisais fondre de l'or pour démontrer certaines expériences qui me tenaient à cœur et dans la classe il n'y avait plus une élève qui avait de l'or sur elle ! Je faisais tout fondre. J'étais la plus forte en cours de chimie, mais la plus indisciplinée aussi*». Alors, régulièrement, ses professeurs de physique et de chimie, croyant la calmer, l'expédiaient face à ses camarades de classes sur le ton de : «*Au tableau, Galleteau !*».

Puis la guerre de 1939-45 est passée par là. Elle se rappelle des lundis matins, à l'école Jean Macé toujours. Quand les élèves devaient à tour de rôle lever les couleurs du drapeau bleu-blanc-rouge, puis les rabaisser le samedi en quittant l'école le temps du week-end : «*Nous chantions La Marseillaise, malgré la présence de l'armée allemande sur le territoire national. Ce jour-là, je me suis sentie Française. Sûr que si j'avais été un gars que je n'aurais pas hésité une seconde à rejoindre le Général de Gaulle ! D'ailleurs, j'en avais parlé à mon père, car je voulais vraiment partir, foutre le camp dans la Résistance... J'étais gaulliste à fond, mais je n'étais qu'une petite fille adolescente. Alors, quand arrivait le lundi matin, et que ce n'était pas mon tour pour hisser le drapeau français, je m'arrangeais pour, le samedi qui précédait, faire un triple nœud sur le drapeau de sorte que la fille qui devait le lever n'y arrive pas. Du coup, je me précipitais à son secours et c'est moi qui le faisais à sa place. Et croyez-le, je n'étais pas peu fière de le faire !*».

C'est tout elle, ça. Cela lui ressemble parfaitement. Autre exemple : tandis qu'à la maison, chez elle, Monique Galleteau ne manque de rien, elle ne peut s'empêcher, à l'école de se faire vacciner plusieurs fois, alors qu'une seule suffit ! «*La vaccination de la variole était obligatoire, et c'est vrai que j'étais volontaire à chaque fois... Pour montrer l'exemple, et surtout pour avoir un bol de lait ! C'était gratuit. Et c'était pendant la guerre. Je crois bien que j'ai dû me faire vacciner douze ou vingt fois au total*».

La guerre, ce sera aussi la saison des amours pour sa génération. Monique Galleteau n'a pas 18 ans lorsqu'elle rencontre celui qui deviendra «*l'unique homme de ma vie... Car nous nous sommes tant aimés*».

C'est une amie de classe, Simone Canal, dont le papa était coiffeur dans le quartier Saint-Jacques, qui va les présenter.

A cette époque, Monique Galleteau est à mille lieues de s'intéresser aux garçons. C'est elle qui s'en vante : «*A l'adolescence, j'étais plutôt costaud, moi. J'étais un garçon manqué. Quand les garçons m'attaquaient, je me défendais. Je n'hésitais pas à leur mettre le poing dans la figure. Il m'est même arrivé de leur casser des dents... Je me rappelle l'avoir fait à un garçon qui voulait m'embrasser... J'étais chez les scouts et, naturellement, j'occupais la place du chef. Parce que j'étais plutôt forte en mathématiques, je faisais d'ailleurs souvent les devoirs des autres, et lorsque les garçons venaient me voir c'était pour que je les aide dans leurs devoirs et pas pour mes beaux yeux. Mais je m'en fichais parce que je le savais... J'étais l'inverse de ma sœur. Moi, on ne me regardait pas beaucoup parce que l'adolescence m'avait dessinée plutôt grosse, forte, alors que ma sœur était très jolie ; Quand nous montions à Font-Romeu pour les vacances, les garçons n'avaient d'yeux que pour ma sœur*».

Un samedi après-midi de 1942, en se promenant du côté de La Loge (où se trouve la mairie de Perpignan), comme tous les gens de son âge le faisaient (et continuent de le faire car c'est un passage obligé pour la jeunesse), en passant devant la terrasse du «Café de France», son amie Simone Canal lui explique qu'elle a rencontré un garçon qui lui a confié au sujet de Monique qu'il la trouvait très belle et qu'il voulait faire sa connaissance... «*Ma première réaction,* confie-t-elle, *a été l'étonnement.. Puis je me suis dit, il faut que tu connaisses ce garçon. Et la fois d'après, lorsque nous sommes descendues en ville, elle me l'a montré de loin. Je suis allée vers lui, au culot je lui ai demandé «C'est vrai que vous souhaitez me connaître ?», il m'a répondu tout de suite «C'est exact»*. J'ai ajouté *«Je tiens à vous dire jeune homme que vous avez de beaux yeux»... On s'est regardés. On a souri. Puis nous sommes allés à l'église Saint-Jean* (la cathédrale de Perpignan), *faire le vœu qu'on se marierait ensemble !»*.

Ce jeune homme, c'est Raoul Grinard, un «*pur Catalan !*» comme s'enthousiasme à le répéter Monique Galleteau. Il est né dans le quartier perpignanais de Saint-Gaudérique, en lieu et place de l'actuel «Café des Sports». Sa maman est une fille Saloum.

Les fiançailles ont lieu en 1944. Monique Galleteau épouse Raoul Grinard le 14 juin 1945, à Perpignan.

# Epouse, mère de famille...

Huit mois et demi après avoir épousé Raoul Grinard, Monique Grinard accouche de leur premier enfant, Daniel. Il nait le 23 février 1946. Treize mois plus tard, le 27 mars 1947, c'est Serge qui vient agrandir le foyer. Puis, le 13 février 1950, elle donne naissance à Martine.

Elle, Monique Grinard, qui ne voulait pas d'enfant, finalement en aura trois : *«Ma mère m'avait prévenu, juste avant le mariage, «c'est le premier cadeau que tu auras !»*...

Entre temps, an 1949, Monique Grinard perd sa mère (1).

Son mari l'a rejoint dans l'entreprise familiale. Où, rapidement, le personnel l'a adopté. Raoul Grinard est très apprécié de tous. On le décrit comme *«un homme loyal et droit dans le travail»*.

Les deux époux ont un caractère très différent, pour ne pas dire à l'opposé. A l'inverse d'elle, qui est volubile, expansive, virulente, «speed», voire «no limit», s'agitant comme un diable au fond d'un bénitier, éveillée comme une potée de souris, qui est perpétuellement aux cent coups, lui, Daniel Grinard, est plutôt du genre posé, réfléchi, réservé, effacé, en retrait, d'une grande mansuétude et tolérance, toujours souriant, affable et plein de santé... D'ailleurs, souvent, lorsqu'ils apparaissent ensemble, il est celui qui met de l'eau dans le vin de Monique, selon la formule consacrée. Il est le bon prince dont elle n'avait osé soupçonner l'existence. Leur union pour vivre, leur communion de pensée et leur complémentarité sont telles, qu'ils ne forment qu'un seul et même être.

Ceux qui les côtoient, qui les fréquentent, sont unanimes : *«Ils sont indécollables !»*. Ce sont leurs années «dream team». Ils en profitent. C'est la belle époque, la belle vie, l'époque où leur vie de couple aurait pu servir de base et de fil conducteur au scénario d'une merveilleuse comédie romantique à succès.

Jeunes mariés, ils ont tout juste la vingtaine, déjà parents de deux enfants, le couple vit encore à la sauce étudiante. C'est qu'elle a repris la «fac», où elle fait son droit pour viser une licence. Elle passe ses nuits à réviser avec une lampe de poche pour ne pas troubler le sommeil de tous les siens. Et le lendemain, lorsqu'elle lui fait part de ce qu'elle a étudié, appris pendant qu'il dormait, Raoul

---

*(1) Elle est enterrée au cimetière de l'Ouest, à Perpignan. Son mari et père de Monique, Roger Galleteau, y sera inhumé à son tour le 13 octobre 1978.*

Grinard se nourrit de son savoir : *«C'était fou, car tout ce que j'apprenais il le retenait immédiatement avec une facilité énorme. Il n'avait pas fait de longues études, nous n'avions pas le même niveau universitaire, ni le même cursus scolaire... Alors, lors de nos échanges, lors de nos longues conversations à la maison, il me pompait mon cerveau de sorte que tout ce que j'avais appris il le savait aussi désormais* ».

Lorsque Raoul Grinard décède, emporté par une crise cardiaque, en 1965, vingt ans à peine après leur mariage, Monique Grinard se retrouve criblée d'emprunts et seule au foyer avec trois enfants à charge âgés de 19, 18 et 15 ans. Sans oublier l'entreprise familiale à gérer - dont une vingtaine de salariés pour le seul siège social à Perpignan, et une dizaine d'autres employés dans les bureaux de Béziers et Pamiers - l'exploitation agricole de La Palmère à faire tourner avec les récoltes d'abricots, de pêches et les vendanges en ligne de mire... et des dettes qui s'accumulent : *«Cela faisait dix ans à peine que nous avions fait construire notre maison de la rue Pézières, à Perpignan. On avait encore l'emprunt qui courait sur la propriété à Oms, on venait d'acheter un tracteur, de changer de voiture, le prêt de la maison, un compte en banque à 0 ! Je suis allée voir les banquiers pour essayer de voir comment on pouvait régler la situation. Ils m'ont répondu que comme nous étions mariés sous le régime de la communauté, la seule solution était de continuer de payer»*.

La perte brutale de Raoul Grinard laisse un grand vide, *«qui sera difficile, voire impossible à combler»*, de l'avis unanime des proches, très inquiets de la suite des événements.

C'est en effet un horrible vide qui écrase son cœur. Elle reçoit des centaines de mots, de messages, depuis les quatre coins du département, de la région et même de la France entière. Des parents, des amis, des relations professionnelles - syndicalistes, avocats, experts-comptables entre autres - des gens croisés au hasard d'une assemblée générale ou d'un combat pour la défense du petit commerce et de l'artisanat, qui lui adressent leurs très vives et bien sincères condoléances, en l'assurant de leurs sentiments de profonde sympathie.

L'épouse, la mère de famille, la chef d'entreprise, conseillère juridique et fiscale, l'agricultrice, et maintenant la veuve, va devoir s'accrocher, s'atteler, redoubler d'efforts et d'enthousiasme pour poursuivre la tâche qu'ils menaient très bien de front tous les deux... *«Pourquoi le dissimuler, quand Raoul est mort, j'ai perdu ce que j'étais... Nous nous sommes tant et tant aimés ! Avec son absence, j'étais devenue une sorte de «morte-vivante»... Car moi-même je n'existais plus. J'étais quelqu'un qui vivais pour ses enfants, bien sûr, pour son travail, pour les autres. Je recevais beaucoup d'amis et je me «saoulais» de leur présence, de nos discussions, comme je me «saoulais» de mon travail, pour oublier, pour avancer. Le challenge était là. Remplacer un homme irremplaçable. Remplacer l'irremplaçable ! Je crois y avoir fort bien réussi, quelque part en tout cas, car chaque année, j'ai un fils qui me fête la fête des pères. Mes enfants m'ont toujours dis que j'étais aussi leur père. C'est là une belle récompense»*.

Alors qu'elle vient de perdre son mari, Monique Grinard est contactée par Geneviève Puig, l'épouse d'un célèbre et talentueux médecin perpignanais, exerçant rue Fonfroide, et également trop tôt disparu. Geneviève Puig est à la tête de l'association départementale des Veuves civiles. Elle est aussi une amie de Roger Galleteau, le père de Monique Grinard. C'est d'ailleurs comme cela qu'elles se sont connues. Les décès de leurs maris les rapprochent encore plus.

Monique Grinard répond à l'invitation des Veuves civiles des P-O et se rend à l'une de leurs soirées mensuelles. Elle n'a que 39 ans. *«Je suis la plus jeune. Très vite, on m'entoure, elles se proposent de m'aider et, finalement, en les quittant, après leur avoir expliqué gentiment que ce n'était pas (encore) ma place, même si je me sentais bien avec elles, c'est moi qui vais leur proposer de m'occuper d'elles... «Je veux bien m'occuper de vos comptes»*, leur ai-je dit, *«mais ne me demandez pas de venir assister à vos réunions». Cela ne me ressemblait pas. Ce n'était pas pour moi. Mais je me suis mise à leur disposition... Je leur ai même suggéré de s'ouvrir aux hommes et d'accueillir aussi les veufs !»*. Plus tard, Monique Grinard se retrouvera à la vice-présidence de ladite association. Dont elle est toujours membre aujourd'hui.

Elle a pris la décision très ferme de ne pas se laisser abattre, ni déstabiliser. Elle a les pieds solidement ancrés au sol. Elle n'a jamais oublié le sens des choses vraies ou essentielles, le sens des valeurs, le poids des responsabilités. Elle a certes broyé du noir, mais elle ne s'est pas broyée elle-même dans la folie du temps qui s'accélère, qui accélère les vies humaines et contre lequel chacun(e) n'a de cesse de lutter. Pourtant, elle porte en elle le désespoir. Jamais elle ne le montre, ni devant les siens, ni face aux autres. Elle sait encore être drôle et grinçante, piquante et agaçante. Elle franchit les pires obstacles avec la rage au cœur de tous les vaincre. Un après l'autre. Sans jamais se déconnecter du quotidien.

Au plan matériel, elle va gérer les business familiaux avec lucidité et perspicacité. Elle réussit à honorer toutes les dettes qui menaçaient de ruiner sa famille. Au fil du temps, elle rembourse tout. «*Au centime près !*», tient-elle à préciser. Pendant ces années-là, elle ne dort que trois heures par jour. Elle a continué à se dépenser parce que, dit-elle, «*pour vivre, j'ai besoin de travailler, d'entreprendre, de me surmener*».

Au plan sentimental, elle n'a jamais voulu refaire sa vie avec quelqu'un d'autre : «*Il n'y a eu que lui, Raoul*». Et il n'y aura personne d'autre. Elle ne voudra plus d'histoire sentimentale, de «love story», pas même, bien plus tard, avec ce Canétois, immensément riche, ayant pignon sur rue dans de nombreux murs commerciaux, à Canet-plage et à Saint-Cyprien, qui voulait l'épouser. Il l'emmène en voyage jusqu'à Pompéi, dans la plaine volcanique de Campanie, au pied du Vésuve, à quelques kilomètres de Naples, mais rien n'y fera. Lorsqu'ils se présentent à la réception de l'hôtel pour prendre possession de leur chambre, Monique Grinard demande deux chambres : «*Je ne pouvais pas*». Les voyages ont continué, dans des destinations moins romantiques, mais elle a toujours fait chambre à part : «*Je n'ai aimé qu'un seul homme... Le jour où il est mort, c'était fini*».

Les autres «z'amours» de sa vie ont pour prénom : Daniel, Serge et Martine, ses enfants. Sans oublier ses petits-enfants.

# La Palmère (Oms),
# le jardin extraordinaire

En 1959, Monique et Raoul Grinard dénichent une propriété agricole totalement à l'abandon, haut-perchée dans les Aspres, sur le territoire de la commune d'Oms (canton de Céret), et qu'ils vont baptiser Domaine de La Palmère.

Le nom de La Palmère provient de l'appellation des sources qui, au fond de la vallée, irriguaient la rivière. A l'origine, ce domaine était cadastré sous le nom de de Can Cadène, puis Can Guitaïre... par emprunt - nous apprennent les historiens - du sobriquet dont étaient affublés les Julia, d'Oms, des notables qui en furent pendant très longtemps les propriétaires.

Le dernier des Julia, industriel et bouchonnier, ayant connu une série d'infortunes et d'insuccès, alors qu'il était monté jusqu'à Limoges, pour y bâtir des projets mirifiques qui le menèrent en fait sur le chemin de la ruine, c'est un certain Jean Bassou, exploitant agricole émérite à Oms, très estimé dans la profession, qui rachète le domaine dans les années 20. Il le conserve pendant une trentaine d'années. Il le fait rapidement fructifier au point que, greffé désormais à son vaste patrimoine foncier (environ 500 hectares au total), l'exploitation devient unique dans le département par ses dimensions et son caractère.

Mais à l'heure de la retraite, Jean Bassou ne trouve personne dans le clan familial, parmi ses héritiers, parmi ses possibles successeurs, pour prendre la relève.

Au printemps 1959, alors qu'ils se baladent au cœur des hautes Aspres, Monique et Raoul Grinard ont le coup de foudre pour La Palmère. Le couple l'achète. Les lieux, posés dans un écrin de verdure, offrent un cadre environnemental magique, de par la richesse de la végétation et l'exceptionnel panorama qui s'étend à perte de vue.

Mais les Grinard vont vite déchanter. Sans eau, sans voie d'accès : tout est à (re)construire, jusqu'aux vieux bâtiments agricoles vétustes qui menacent de s'effondrer au moindre souffle de tramontane. Au total, il y a une quarantaine d'hectares envahis par les ronces à défricher, à réhabiliter, à humaniser.

Alors, c'est en famille que le défi va être relevé, avec les enfants d'abord, premiers à être mobilisés pendant les week-ends et périodes de vacances scolaires : Daniel, l'aîné des trois enfants, a maintenant 13 ans, Serge, le second, 12 ans, et Martine, 9 ans. «*Il fallait en vouloir*, admet Monique Grinard. *Avec mon mari, avec nos enfants, nous nous sommes consacrés à cette tâche avec un enthousiasme que peu de gens ont soupçonné à l'époque et contre lequel aucune difficulté, aucun handicap, ne pouvaient compter. On nous a pris pour des Américains ayant de l'argent à dépenser sans compter, on nous a pris pour des fous, tellement l'ampleur de la tâche paraissait sans fin, mais la besogne ne nous a pas fait peur même si, c'est vrai dans toute la mesure de nos forces nous avons, mon époux et moi, été d'accord pour investir des capitaux assez considérables dans cette belle aventure*».

Comme cela n'est pas suffisant, grands parents, amis du cru et de Perpignan : tout le monde est appelé en renfort. Toutes les bonnes volontés sont les bienvenues.

Il faudra une décennie entière pour rénover le site, le rendre accessible et lui assurer un confort minimum. A cette époque, il n'est pas (encore) question de transformer La Palmère en résidence secondaire, même si piscine et plantation de Cèdres du Liban font partie des projets. Même si l'endroit est très couru des investisseurs, des pays du Benelux et de Grande-Bretagne essentiellement, en quête de mas pour s'isoler dans un luxe abordable.

L'objectif de Raoul et Monique Grinard est ailleurs : il est de redonner à La Palmère son lustre agricole d'antan.

Une fois les bassins d'eau réalisés et alimentés, une fois le système d'irrigation ultra-moderne par aspersion à partir d'une station de pompage installé, une fois les routes créées et goudronnées, une fois les murs consolidés et les toitures refaites, une fois le pavillon d'habitation construit et les locaux de l'exploitation totalement restaurés, le journal local peut titrer : «*Un bel exemple de mise en valeur de notre région : le domaine de La Palmère, une exploitation arboricole pilote*». Environ 7 000 pêchers ont été plantés, d'un seul tenant, pour viser une production annuelle de 40 tonnes de fruits.

Le correspondant de L'Indépendant, Louis Rolis, parait absolument bluffé par le résultat. Il écrit, tel le poète, entre une rasade de superlatifs et le clic-clac que l'on imagine tremblant de son appareil photo : «*A l' abri du vent et conduits avec le plus grand soin, les vergers donnent des fruits très estimés. Grâce à un ensoleillement de premier ordre, ils sont colorés, exceptionnellement savoureux (...)*».

Pour en arriver là, au-delà des forces vives amenées par la famille et les amis, des jeunes gens venus de toute la France, voire de l'Europe, ont mis la main à la pâte, ont également travaillé d'arrache-pied, fiers à la manœuvre. C'est le cas pendant les vendanges, où la «colle» (1) de Monique Grinard, forte d'une trentaine de jeunes gens, rassemble Belges, Espagnols, Normands, Biterrois, Cérétans... et Perpignanais. Le tout dans une ambiance extraordinaire.

Il y a des vignes, mais aussi pas moins de vingt hectares de vergers. Les fruits sont récoltés avec une attention toute particulière. C'est Monique Grinard, entre temps son époux étant décédé, qui s'occupe de la cueillette, de la sélection et du calibrage des pêches. Une partie est écoulée sur place, via la Coopérative de Céret, l'autre partie de la production c'est elle qui en supervise la commercialisation.

Si la pêche est toujours expédiée directement, avant d'être emballée elle est soigneusement normalisée et, bien sûr, c'est encore Monique Grinard qu'on retrouve à la manœuvre.

Et quand, au moment de la commercialisation, localement, les prix sont loin d'être satisfaisants, elle revêt son habit de VRP et part jusqu'à Poitiers pour écouler sa marchandise : elle connaît les grossistes, qui eux-mêmes apprécient la qualité de ses pêches, qui seront fidèles à sa production fruitière. Elle sait aussi qu'elle peut compter sur des petits commerçants, du côté de Canet / Saint-Nazaire, toujours prêts à mettre ses pêches et ses abricots du Roussillon en vitrine, ou sur les étals.

Levée à 4 heures du matin pour chausser ses bottes de fermière, ou plutôt pour glisser dans son tablier d'exploitante agricole, Monique Grinard mène de front trois activités : mère de famille, conseiller juridique et fiscal, agricultrice. Une quarantaine d'années plus loin, elle rend toujours un hommage appuyé à tout son personnel du cabinet d'expertise-comptable à Perpignan : «*Sans lui, sans eux, qui ont toujours su suppléer à mes absences tandis que je venais travailler à La Palmère, je n'aurais jamais pu tenir le coup. Ils ont été formidables. Et je devais bien l'être aussi quelque part à leurs yeux, car beaucoup d'entre eux sont restés pendant vingt, vingt-cinq*

---

*(1) Colle, nom catalan désignant une équipe de cueilleurs.*

*ans, trente ans et au-delà à mes côtés, au bureau»*.

Monique Grinard et le village d'Oms, c'est un lien indescriptible, une union indéfinissable, une histoire d'amour et d'amitié, c'est toute une vie sous les couleurs de l'arc-en-ciel. Preuve en est que chaque événement, heureux ou malheureux, qui concerne de près ou de loin Monique Grinard, et qui se déroule pourtant à Perpignan, fait systématiquement la une de Oms dans les pages de L'Indépendant ou de Midi Libre. Dans son édition du samedi 2 octobre 1965, c'est effectivement dans sa chronique locale d'Oms que le quotidien régional annonce : «*Notre ami Raoul Grinard n'est plus... Mardi dernier, à Perpignan, une foule considérable conduisait à sa dernière demeure, M. Raoul Grinard. L'église de La Real n'était pas assez vaste (...). Conseiller fiscal et juridique, secrétaire administratif du Syndicat départemental de la boucherie (...), à Oms et dans la région, Raoul Grinard était plus connu par le rayonnement qu'il exerçait depuis le mas dont il avait fait le centre de ses loisirs. Sa famille s'étant constituée un premier pied-à-terre à Taillet, il ne tarda pas à nourrir un véritable culte pour notre terre et, bientôt, plein d'audace, il jeta son dévolu sur un vieux mas abandonné sur une belle pente ensoleillée, le mas Can Guitaïre, dont il soupçonnait la fertilité. En moins de six années, ce pauvre mas devait perdre sa misérable face pour devenir une exploitation de premier ordre, couverte d'arbres fruitiers de haute qualité, équipée des moyens les plus modernes. C'était presque un miracle auquel, du reste, avait admirablement contribué son épouse ainsi que leurs enfants. Aujourd'hui, le mas Guitaïre, qu'il avait rebaptisé Domaine de La Palmère, était devenu à juste titre sa grande fierté (...)*».

Plus tard, lorsque leur fils aîné, Daniel Grinard, épouse Mlle Marie-Thérèse Sicart, à Perpignan, c'est toujours dans les pages Villages, à la chronique locale d'Oms, que la rédaction de l'édition catalane de Midi Libre couvre l'événement, avec photo s'il vous plait, sous le titre : «*Un mariage bien sympathique*». On peut lire : «*A Perpignan, les parents du nouveau marié, comme ceux de sa charmante épouse, sont très en vue et jouissent de la considération de tous ceux qui les connaissent. M. et Mme Alphonse Sicart, qui sont propriétaires à Vernet-les-Bains, tiennent aussi, près de la gare, le bureau de tabac de l'avenue Général-de-Gaulle. Mme veuve Monique Grinard, aux côtés de son fils Daniel, qui est agent général d'assurances, se signale par une grande activité en sa qualité de conseil fiscal et de Secrétaire général du Syndicat départemental de la boucherie.*

*La famille Grinard ne compte parmi nous, que des amis, et dans tout le pays des Hautes-Aspres, c'est toujours avec sympathie qu'elle est citée en exemple, depuis que feu M. Raoul Grinard, malheureusement emporté prématurément par la mort, est venu faire revivre un vieux mas qu'il baptisa La Palmère et dont il fit un domaine débordant de prospérité, fait unique sur nos montagnes. Courageusement, sa veuve allait reprendre le flambeau. Maintenant, c'est son fils Daniel qui en assume la responsabilité, avec tant de foi qu'il est touchant de le souligner (...)».*

Lorsque, en 1980, le prince Alphonse, l'aîné de la Maison des Bourbons, duc d'Anjou, chef de toute la maison de Bourbon et de tous les Capétiens, héritier de droit de Saint-Louis (et de Louis XIV bien entendu), vient en visite privée à Perpignan, et que ce séjour s'affiche à la une de la presse du Roussillon, c'est à Oms, dans le Domaine de La Palmère, que la photo historique est prise.

On y voit Monseigneur entouré de personnalités locales, telles que le comte Jacques de Lazerme, grande famille perpignanaise dont l'un des anciens hôtels particuliers, celui de la rue de l'Ange, abrite désormais le Musée Hyacinthe Rigaud (1), du nom du célèbre portraitiste né à Perpignan. Jusqu'au début des années 80, dans les étages de cette splendide demeure, qui s'articule autour d'une remarquable cour intérieure au plan architectural, l'un des appartements, spacieux et tendu de rose, a été le théâtre privilégié de rencontres de haute futaie, que l'Histoire a d'ailleurs marqué d'une pierre blanche.

Dès la fin de la guerre, le nec plus ultra des arts est passé dans ces murs. Picasso, qui s'était lié d'amitié avec Mme Paulette de Lazerme, née Dabadie, l'épouse du comte Jacques de Lazerme, laquelle vit toujours, y effectuait de longs séjours. Il avait entraîné dans son sillage plusieurs hôtes illustres : Chagall, Cocteau, le marchand de tableaux Kahnweiler... D'autres célébrités ont également été des familiers des lieux : Raoul Dufy, Michel Leiris, Pignon, Penrose, Douglas Cooper et tant d'autres.

---

*(1) Hyacinthe Rigaud, né à Perpignan le 18 juillet 1659, mort à Paris le 29 décembre 1743. Rigaud doit sa célébrité à la fidélité de la dynastie des Bourbons, dont il peint les effigies sur quatre générations. Indissociable de son portrait de Louis XIV en costume de sacre, Rigaud a côtoyé tous les grands ambassadeurs de son siècle et quelques monarques européens.*

C'est d'ailleurs dans les étages encore occupés par le comte Jacques de Lazerme et sa famille, alors que la Ville, propriétaire des lieux, installe en 1979 son Musée Rigaud sur tout le rez-de-chaussée, qu'une réception apéritive est organisée, en présence du duc de Bauffremont, du baron de Pinoteau (grand historien spécialiste des rois de France), du marquis d'Auvilliers, du baron de Montfort, devant un parterre de personnalités locales.

Dans le magnifique appartement «rose», chargé de précieux souvenirs, le comte de Lazerme ouvre ses archives au prince Alphonse de Bourbon, notamment des lettres relatives à la réconciliation entre les deux branches, celles des carlistes et des alphonsistes...

A l'heure du déjeuner, tout ce beau monde rejoint le domaine de La Palmère pour un repas privé, où Monique Grinard a tout imaginé et préparé autour de la piscine - sous un soleil digne de l'été de la Saint-Martin - qu'avec des vins du Roussillon.

A partir des années 1980, et plus encore après 1982, lorsque Monique Grinard entre au Conseil général des P-O, suite à son élection sur le canton de la Côte-Radieuse, le domaine de La Palmère devient une sorte de point de rencontre incontournable pour une partie de la société roussillonnaise. La jet-set nord-catalane débarque !

Une kyrielle d'artistes, peintres, sculpteurs et musiciens - tels Aldo Ciccolini (1), Maria Lluis, François Vanczak (2)... - emmenés par le Perpignanais Firmin Bauby et sa cour d'originaux, ainsi que de nombreux hommes politiques, des sportifs et des journalistes s'y succèdent.

Firmin Bauby, passionné d'art, devenu propriétaire - mécène il a créé en 1942, à Perpignan, avec son frère Denys, Sant-Vicens, un mas splendide, authentique refuge artistique où aujourd'hui encore on peut acheter des assiettes en céramique et qui abrite de superbes

---

*(1) Le pianiste Aldo Ciccolini n'est pas un inconnu pour les Roussillonnais qui l'ovationnèrent de nombreuses fois à Perpignan, lors des Semaines culturelles du Théâtre municipal, et à Prades, au festival Pablo Casals.*

*(2) Le sculpteur François Vanczak, hongrois d'origine, décédé en février 1988, auquel on doit la statue «la fille de la mer», à Canet-plage et le décor de la fontaine publique, au village de Canet-en-Roussillon.*

tapisseries et peintures de Lurçat, Picart-Ledoux, Perrot, etc - entraîne avec lui, jusqu'à La Palmère, tous les rebelles du moment, tous les créateurs qui font et défont les tendances au plan régional. Imaginons un casting qui réunirait à la même table : Serge Gainsbourg, John Galliano, Stanley Kubrick, les Pritchard(s), Oscar Wilde, Jean-Pierre Coffe et Salman Rushdie autour de Firmin Bauby chez Monique Grinard. Certaines soirées à La Palmère, ressemble à cela. Des nocturnes «shocking Oms», traduiraient les plumitifs de la «pipolisation» (pour «presse people»).

C'est du reste parce qu'elle connaissait bien les Martin d'Auvilliers, une famille perpignanaise qu'elle avait rencontrée lors d'une soirée chez leurs amis Bauby, à Sant-Vicens, que Monique Grinard fréquentait, à l'occasion, une partie de la noblesse locale ainsi qu'une poignée de royalistes. Ces derniers l'invitaient à chacune de leurs manifestations, qu'elles soient publiques ou privées. C'est aussi grâce à eux que Monique Grinard, pas encore élue conseiller général, va être présentée au prince Alphonse de Bourbon, lorsque celui-ci sera reçu, en 1980, au 16 rue de l'Ange, à Perpignan, chez le comte Jacques de Lazerme. Avant cette réception, ses connaissances dans la noblesse roussillonnaise lui avaient demandé d'organiser le «fameux» repas dans sa propriété de La Palmère, à Oms. Pour ce faire, ils avaient prétexté que seul ce domaine offrait un cadre environnemental d'exception pour accueillir une telle personnalité ; c'était l'unique endroit pour inviter Monseigneur : «*On se tutoyait*», confesse Monique Grinard. «*Tout le monde l'appelait «Monseigneur», il m'avait dit «pas de Monseigneur entre nous ! ; par mon prénom ce sera mieux». Et je l'appelais donc Alphonse*».

Cousin du roi Juan Carlos d'Espagne, le prince Alphonse de Bourbon revient au domaine de La Palmère à l'automne 1981. Très touché à chaque fois par l'accueil qui lui y est réservé, il n'hésite pas à écrire, le 26 octobre de cette année-là, à Monique Grinard, dans une lettre tamponnée du sceau royal : «*Chère amie, de retour à Madrid, je tiens à vous remercier pour le magnifique déjeuner que vous m'avez offert. C'était tellement agréable de revoir plusieurs des amis et connaissances que j'avais faites l'année dernière, dans la si sympathique ambiance qu'avec votre famille vous avez créé chez vous ! Veuillez agréer l'expression de mes sentiments amicaux les meilleurs*». Signé : Alphonse, Duc d'Anjou et de Cadix.

Le même prince sera l'un des tout-premiers, en mars 1982, à féliciter Monique Grinard pour son élection au Conseil général : «*Enfin, nous avons gagné ! Je vous félicite, madame et chère amie*». La noblesse roussillonnaise prend le relais : «*Chère madame, mes plus vives et amicales félicitations pour votre magnifique succès. Un regret cependant pour moi : n'avoir pu y contribuer étant électeur à Perpignan. Mais nous serons là l'an prochain pour les municipales de notre ville. Bravo encore et agréez je vous prie mes respectueux hommages*» ; lui écrit le comte Jacques de Lazerme, le 22 mars 1982. Une victoire qui sera à l'époque dignement fêtée, comme on pouvait s'en douter, au milieu de tous les intellectuels et artistes habitués à fréquenter Sant-Vicens, ainsi que, bien entendu, à La Palmère, où le bruit des bouchons de champagne résonne dans toutes les Hautes-Aspres...

Aucun autre site, à ce moment-là, ne peut rivaliser avec cet étonnant lieu dont les réjouissances débordent jusque dans les chaumières du paisible village d'Oms.

- «*Moi qui n'étais pas une femme de lettres*», raconte Monique Grinard, «*je n'étais ni littéraire ni artiste, pas plus dans ma formation que dans ma profession, moi qui passais des heures et des heures à compter et à recompter, moi qui vivais au milieu des chiffres, je trouvais avec Firmin Bauby une autre respiration. C'était fantastique pour moi. J'approchais un milieu qui m'était totalement inconnu jusque-là. Je rencontrais des artistes, je discutais avec eux, j'apprenais beaucoup. Il y avait beaucoup d'humour dans les dialogues*».

Et les hommes politiques du Roussillon ne sont pas en reste. Eux-aussi se sont accaparés l'endroit. Surtout depuis que Monique Grinard y organise, chaque année pour le 1er juillet, l'anniversaire de son président-préféré de Conseil général : Guy Malé. Dans les transats, au bord de la piscine, confortablement installés, en pleine conversation et un verre de whisky à la main, on reconnait Claude Barate, Michel Berdaguer, Jacques Farran, René Marquès, Jacqueline Alduy, Suzette Farran, Aimé Coder, le docteur Louis Camo, Alain Marti, Guy Malé bien sûr... Une photo, une scène, qui paraîtraient aujourd'hui complètement surréalistes. Une photo impossible à prendre, une scène impossible à mettre en place, ou ne serait-ce qu'à imaginer.

Chaque anniversaire est auréolé d'un somptueux feu d'artifice. Monique Grinard emploie les grands moyens, elle ne néglige aucun détail pour que la fête soit totale, pour que l'ambiance soit des plus chaleureuses et que chacun s'amuse.

Ce mas de La Palmère, dont elle et les siens ont retourné chaque centimètre carré de terre pour en faire une sorte de ferme du Bonheur, un petit coin de paradis, un morceau du pays de cocagne s'il est vrai qu'il existe, Monique Grinard veut maintenant le faire partager au plus grand nombre.

Elle y reçoit - et y pardonne - les journalistes du département qui lui ont attribué le Canard aux pleurotes à l'issue d'une Nuit de la presse et d'ivresse au Barcarès. Ils récidiveront l'année d'après, à Collioure, lors d'une Nuit blanche au Château Royal, en lui remettant une sorte de Prix citron... Où elle ne sait plus, quelque chose dans ce genre en tout cas : «*Il parait que certains journaleux me trouvent trop collante, trop envahissante, trop emmerdante en somme ! C'est pour cette raison qu'ils m'on remit le Canard aux pleurotes... Après le vinaigre et le citron, y'a de quoi faire une bonne recette, non ?*».

Alors, sur un coup de tête dont elle a le secret, elle invite tous les membres du Club de la Presse des Pyrénées-Orientales - une cinquantaine de personnes au total - à sa table, à La Palmère : «*Je vais leur en faire bouffer, du canard aux pleurottes, moi !*», ironise-t-elle.

Ah, ça, pour un canard, ce fut un sacré canard ! «Hé-naur-me». Et affreusement bon. Entre langues d'agneau, cœurs de veau et grenouilles, le «canard aux pleurotes et aux olives façon Monique Grinard» venait de faire une entrée fracassante, très remarquée dans l'inventaire de la gastronomie régionale. Tous les participants à ce gargantuesque repas s'en souviennent. Et ils s'en souviendront pendant longtemps. Encore et encore. C'était au début de l'été. Les Aspres étaient magnifiques. La vue aussi. Les couleurs sans pareil. On aurait cru voir se dessiner une mosaïque entre ciel et nature. Comme des variations lumineuses sortant du sable. Il y avait aussi un bouquet de parfums qui trainait près du rectangle bleu. Monique Grinard n'avait pu s'empêcher d'inviter des artistes. Il y avait le chanteur catalan Jordi Barre. Et d'autres moins connus. C'était là, ce jour-là, une belle occasion pour les faire connaître. Avec le bel appui des médias.

C'est toujours à La Palmère qu'elle reçoit toutes celles et tous ceux qui font ses campagnes électorales : comités de soutien, colleurs d'affiches, chauffeurs à l'occasion, distributeurs de tracts... ils y passent tous. Sa générosité, on l'a vu, étant sans limite, le champagne coule à flot. Et les meilleurs millésimes de surcroît.

C'est encore à La Palmère que Paul Alduy [1], alors, maire de Perpignan, décide un jour de devenir propriétaire à... Oms.

Cela peut paraître incroyable mais c'est pourtant la stricte vérité.

L'ancien maire d'Amélie-les-Bains/ Palalda, dans le Vallespir voisin des Aspres, dont l'épouse Jacqueline Alduy a pris la succession à la mairie d'Amélie en 1959 [2], puis dans le fauteuil de conseiller général d'Arles-sur-Tech en 1967 [3], avait pour habitude de passer prendre l'apéritif chez Monique Grinard. Lui aussi était tombé sous le charme de cette belle région.

Et c'est justement à force de venir à La Palmère qu'il eut l'envie d'acheter un mas dans les hauteurs de Oms.

«Mas Intichada», c'est ainsi que Paul Alduy baptise sa nouvelle acquisition, sans doute en hommage à son lieu de naissance... Lima, au Pérou [4]. C'est dans cette propriété, où l'ancien sénateur-maire UDF de Perpignan aimait venir partager le temps des vacances avec des séjours aux îles Canaries, qu'il a d'ailleurs très officiellement intronisé son fils Jean-Paul Alduy – aujourd'hui sénateur UMP et président de la communauté d'agglomération Perpignan-Méditerranée - sur la scène publique du département des Pyrénées-Orientales. Jusqu'ici, Jean-Paul Alduy était un parfait inconnu en politique.

Paul Alduy souhaitait se venger, politiquement s'entend, de son premier adjoint de l'époque, le député RPR Claude Barate. Il voulait se débarrasser à tout prix de lui, car il le soupçonnait de comploter dans son dos pour s'installer aux commandes de la mairie... Paul Alduy est allé chercher son fils, alors ingénieur en Chef

---

*(1) Paul Alduy, né le 4 octobre 1914 à Lima (Pérou) et décédé le 23 janvier 2006 à Perpignan.*

*(2) Jacqueline Alduy, maire d'Amélie-les Bains de 1959 à 2001. Elle est née le 20 mars 1924 à Hanoï (Vietnam).*

*(3) Jacqueline Alduy conseillère générale du canton d'Arles-sur Tech de 1967 à 2001.*

*(4) Paul Alduy , maire de Perpignan de 1959 à 1993, député des Pyrénées-Orientales de 1956 à 1981, sénateur des Pyrénées-Orientales de 1983 à 1992.*

des Ponts-et-Chaussées de la ville nouvelle de Saint-Quentin-en-Yvelines (banlieue parisienne), pour lui barrer la route des futures échéances électorales. Un jour du mois de juillet 1991, il organise un dîner dans son mas Intichada, réunissant des leaders d'opinion qui comptent et qui montent à Perpignan. Y sont attablés : des vignerons, des chefs d'entreprises, syndicalistes, des anciens de l'Algérie française, des commerçants, des employés de la mairie de Perpignan, un journaliste, des soupirants, des courtisans, des seconds couteaux, des amis, des fins connaisseurs de la vie politique locale, un homme de formules, des carriéristes, un spécialiste de Napoléon (hussard gaullo-bonapartiste de salon)...

L'après Paul Alduy à la mairie de Perpignan est en marche. Ce n'est plus un rêve, c'est la réalité. L'inventeur qui ne manque pas d'air s'appelle Jean Paul Alduy «himself». Il va réoxygéner la scène publique locale qui en a bien besoin. Il ne se gène pas pour s'indigner devant une *«atmosphère clanique de plus en plus pesante, polluante et puante sur le sol roussillonnais...»*

Jean Paul Alduy va jusqu'à s'étonner *«de la facilité avec laquelle les gens d'ici développent une capacité à absorber les scandales, à avaler tous les scandales, et à les digérer sans broncher, il faut redonner leur fierté aux Catalans»*.

C'est de là que part un certain «parfum d'amitié» cher à Jean-Paul Alduy. Il va le servir à toutes les sauces, l'utilisant notamment lors de fumeuses paëllas géantes (1), sorte de rassemblements populaires sous barnum, où il y a à boire et donc à manger. Il en fait son slogan racoleur de campagne : d'abord pour son élection sur le canton Perpignan I (Haut-Vernet), le 29 mars 1992 ; puis pour son élection avec l'équipe «Perpignan-Oxygène» à la mairie de Perpignan, en 1993. Et ça marche à tous les coups.

Criblée de dettes à la suite de mésaventures commerciales - des investissements familiaux dans un restaurant de plage, Les Tamaris à Saint-Cyprien, puis la brasserie des Halles, dans le marché-République à Perpignan, pour lesquels elle s'était portée caution - et alors qu'elle vient d'être battue aux élections

---

*(1) Le dimanche 22 septembre 1991, au Mas Delfau, Jean-Paul Alduy rassemble autour d'une paëlla géante tout le gratin de la droite départementale... 1 100 personnes sont présentes sous un barnum.*

cantonales de 1994, Monique Grinard est obligée de se séparer du domaine de La Palmère.

La page est tournée en 1995. Estimée à 4 millions de Francs (soit environ 610 000 euros) par diverses expertises foncières, la propriété est bradée à 900 000 Francs (environ 137 000 euros) lors d'enchères publiques à Perpignan. Et ce alors même que Monique Grinard a trouvé un acquéreur à 1,6 million de Francs (environ 244 000 euros).

Une certaine confusion règne alors. Monique Grinard, très remontée, ne craint pas d'accuser les milieux affairistes perpignanais d'être de connivence et solidaires avec un certain pouvoir local pour la ruiner. Le gâteau à se partager est trop beau. Elle trouve quand même la force et les moyens de réagir et de surenchérir, mais malheureusement son conseil laisse filer le délai légal.

Décidément... Elle apprendra plus tard que l'associé de son conseil défendait dans ce dossier les intérêts des milieux affairistes qu'elle avait osé dénoncer.

Le domaine de La Palmère, après être passé entre les mains d'hommes d'affaires perpignanais, et au terme d'une juteuse transaction, a été revendu ensuite à un couple de Britanniques qui lui a redonné son nom de mas originel.

## Chapitre II

# Premiers pas en politique...

C'est en 1978, à 53 ans, que Monique Grinard pousse pour la première fois la porte de la fédération départementale RPR des Pyrénées-Orientales (P-O), qui se situe alors rue de l'Ange, dans le centre-ville de Perpignan. Le mouvement politique gaulliste est à ce moment-là présidé au plan local par un avocat, Me François Benedetti (prononcer Bénédéti).

Elle se souvient que ce dernier et son père, Roger Galleteau, se connaissaient très bien. Mais on se rappelle aussi que dès l'adolescence, la petite Monique affichait clairement des idées gaullistes, et que le Général incarnait à ses yeux la France dans toute son Histoire et sa splendeur. Elle n'a jamais caché ses sentiments à ce sujet. Bien au contraire puisqu'elle a bien failli «le» rejoindre dans la Résistance, mais elle n'était âgée que d'une quinzaine d'années...

A son arrivée dans cette fédération départementale du RPR, Monique Grinard n'est considérée que comme une simple militante. D'ailleurs, lors des élections, et ce fut notamment le cas pour les législatives avec un certain Patrice Bertrand, on lui demande d'accompagner les candidats sur le terrain et de se mettre à leur disposition pour pratiquer l'incontournable porte-à-porte chez les électeurs. Elle se plie naturellement à ses obligations de militante. Tout en constatant que, fréquemment, à Perpignan et dans certaines communes environnantes, elle est plus connue - et souvent même plus appréciée - que le candidat qu'elle présente : *«C'était particulièrement vrai chez les artisans, les commerçants et les agriculteurs... Un jour, au marché couvert, place République à Perpignan, parmi tous mes bouchers, c'était à se demander si ce n'était pas moi qui me présentais... C'était un peu le monde à l'envers car j'allais, moi, présenter les autres, en disant «c'est un type bien, il faut voter pour lui, etc-etc», ce que je n'avais jamais osé faire pour moi, et en même temps j'étais sur les marchés et dans les boutiques souvent plus célèbre qu'eux»*. Sa double casquette professionnelle de conseiller juridique et fiscal et d'exploitante agricole n'est pas étrangère à sa popularité dans l'électorat.

Mais la femme forte du RPR dans les P-O à la fin des années 70, et pendant toute la décennie suivante des années 80, c'est Marie-Cécile Pons [1], née Susplugas, issue d'une grande famille

---

*(1) Marie-Cécile Pons a également été deuxième sur la liste conduite par le leader «frontiste» Pierre Sergent, lors des élections municipales de mars 1989.*

originaire du haut-Vallespir, mariée à Michel Pons, assureur et mère de 2 enfants, Bénédicte et Charles(1). Marie-Cécile Pons, qui s'est bâtie une solide et très estimable renommée sur le diminutif de Sissou. Conseillère générale du canton Perpignan VI (centre-ville) de 1994 à 2008, Sissou Pons a été adjointe au maire de Perpignan Paul Alduy (de 1983 à 1989) – elle fut d'ailleurs la première et seule femme parmi les 16 adjoints – déléguée à l'Environnement. En 1977, à la création du RPR par Jacques Chirac, Patrice Bertrand, alors adjoint de Me François Benedetti à la tête de la fédération départementale RPR des P-O, lui confie la responsabilité de la Délégation de la Femme.

En 1982, après le départ de François Benedetti, Marie-Cécile Pons intègre la direction de ladite fédération aux côtés d'Aimé Fa et de René Conte. En 1984, avec Claude Barate, Marie-Cécile Pons organise les Journées parlementaires du RPR au Barcarès. A l'issue de cette manifestation, qui sera un incontestable succès au plan national, Jacques Chirac l'a fait entrer au Comité central du RPR où elle va siéger dans le club très fermé des 100 membres influents de la Chiraquie. Pour l'anecdote, elle porte le n° 66 sur sa carte des 100 membres et se retrouve avec Patrick Balkany (membre fondateur du RPR, député-maire de Levallois-Perret), Patrick Devedjian (président du conseil général des Hauts-de-Seine, ministre en charge de la mise en œuvre du Plan de relance), ainsi qu'un certain... Nicolas Sarkozy. Marie-Cécile Pons est très populaire aux quatre coins du Roussillon, notamment à la tête de sa Délégation départementale des femmes RPR des P-O. Il s'agit là d'un mouvement dynamique, d'un réseau qui regroupe des femmes issues de tous les horizons sociaux et économiques, et sur lequel Jacques Chirac compte bien s'appuyer efficacement pour briguer la présidence de la République lors de l'élection de 1981.

D'ailleurs, en janvier 1981, l'ancien Premier ministre (1974-76) de Valéry Giscard-d'Estaing et président-fondateur du RPR, convoque à Paris, dans les salons de l'hôtel Intercontinental, toutes les responsables des délégations départementales des Femmes RPR.

---

*(1) Charles Pons, assureur, conseiller municipal de la Ville de Perpignan depuis 2009, dans l'équipe du maire UMP, Jean-Marc Pujol.*

Pour l'occasion, Sissou Pons s'entoure de deux femmes chefs d'entreprise représentatives, comme les organisateurs de cette journée parisienne le lui avaient demandé. Il s'agit de Madeleine Girbau, l'épouse d'un prothésiste-dentaire perpignanais, qui monte à Paris pour défendre le statut du conjoint du chef d'entreprise ; et de Monique Grinard, qui accompagne Marie-Cécile Pons pour parler du handicap que représente la TVA pour l'entreprise qui y est assujettie. Près de 200 femmes étaient rassemblées ce jour-là à «l'Intercontinental», venues à la demande du candidat «élyséen» Jacques Chirac.

Auparavant, Monique Grinard n'avait jamais eu l'occasion d'approcher de si près Jacques Chirac. La possibilité de le «toucher» lui étant offerte, elle ne va pas se gêner. Pour arriver à bon port, en l'occurrence face à celui qui est aussi maire de Paris, elle va prendre ses jambes à son cou, briser la foule, prendre le risque en public de tomber les quatre fers en l'air, de ramasser un gadin (bien que cela ne l'a jamais effrayé), de s'emmêler les pinceaux...

La scène est épique ! Puisqu'elle montera même sur une table pour atteindre son objectif. Elle ne le dément pas : «*Je voulais vraiment interpeler Jacques Chirac sur cette foutue taxe professionnelle, dont il était à l'origine puisqu'elle fut créée par la loi du 29 juillet 1975, alors qu'il était Premier ministre... Avant d'aller à Paris j'avais fait taper une lettre par ma secrétaire et je m'étais jurée de la lui remettre en main propre. Dessus était entre autre écrit : «Vous allez ruiner l'Hôtellerie et le Bâtiment, c'est de l'ineptie, révisez votre copie !...*». Donc, à la fin de la réunion, je passe devant les journalistes, je me faufile jusqu'à la tribune, je grimpe sur l'estrade, je tape sur l'épaule de Jacques Chirac, qui ne me connaissait pas, je n'étais rien moi, je n'étais pas élue, et je lui dis : «*Je vous mets quelque chose dans la poche, dont vous vous souviendrez toute votre vie. Vous la lirez quand vous serez tout seul*»... *Et je suis partie. Je n'ai jamais eu de réponse*».

Un an plus tard, au tout-début de 1982, et alors qu'entre temps la gauche a gagné l'élection présidentielle, faisant entrer François Mitterrand à l'Elysée, le siège de la fédération départementale RPR des P-O, rue de l'Ange à Perpignan, est en pleine ébullition. A l'ordre du jour, l'échéance des élections cantonales qui se profile à l'horizon du mois de mars.

Monique Grinard, qui fait maintenant partie des meubles gaullistes sur le sol roussillonnais, est présente. Depuis des mois, elle assiste à toutes les réunions. Quand on n'oublie pas de l'inviter... Car son tempérament, sulfureux, et son comportement, direct, ne sont pas du goût de tous. Elle n'a pas que des amis. Mais elle a gentiment averti la galerie sur le ton de «*Je suis comme je suis*» : «*Ce n'est pas ici qu'on me changera !*». Entêtée, si souvent elle n'en démord pas elle n'est cependant pas butée au point de vouloir toujours avoir le dernier mot. Sa vivacité permanente, sa pétulance à tours de bras, ses réponses du tac au tac, le fait aussi d'être constamment en activité, sur la brèche, donnent d'elle une image (authentique) de vaillance. Solide au poste !

Certains ont beau lui expliquer que ce n'est pas tout de courir, qu'il faut partir à temps, Monique Grinard leur rétorque que «*Qui tard arrive mal loge*». Et puis c'est tout.

Ce qui la caractérise également parmi les siens, c'est qu'elle prend les choses à cœur, qu'elle sait faire flèche de tous bois, qu'elle se met facilement en devoir de faire une chose, surtout si la cause s'avère bonne «au nom du gaullisme»...

Ce jour-là, les responsables de la puissante fédération départementale RPR des P-O, son président François Benedetti (1) en tête, ont-ils voulu la tester ? Elle, Monique Grinard, reste convaincue qu'ils ont plutôt voulu l'envoyer au casse-pipe...

Lors de ce rendez-vous afin de préparer les élections cantonales des 14 et 21 mars 1982, Benedetti lui annonce que le mouvement gaulliste compte sur elle pour se présenter. Le RPR lui a réservé un canton de premier choix : celui de la Côte-Radieuse, qui regroupe les communes d'Alénya, de Cabestany, Canet / Saint-Nazaire (à ce moment-là les communes de Canet-en-Roussillon et Saint-Nazaire ne forment qu'une), Latour-Bas-Elne, Saint-Cyprien et Saleilles. Que des communes de gauche. Ou presque. En tout cas, le canton est détenu par une élue communiste, Simone Parrot, 43 ans, enseignante.

Aux côtés de François Benedetti, la vieille garde incarnée entre autre par Aimé Fa, un entrepreneur perpignanais, insiste et présente l'affaire à Monique Grinard comme un cadeau tombé du ciel : «*Moi, très sincèrement, je n'en avais pas envie. Avant même qu'on*

---

*(1) François Benedetti, membre du comité central du RPR.*

*m'attribue le canton, je n'étais candidate à rien. En plus, je ne connaissais rien de l'institution Conseil général. Je ne savais pas en quoi consistait la fonction de conseiller général... J'avais déjà suffisamment d'occupation avec mes bouchers et les différents corps de métiers dont j'avais la responsabilité de la gestion comptable et fiscale... J'avais certes des relations partout, mais était-ce suffisant pour prétendre à être élue conseiller général ? C'est quand j'ai demandé qu'on me dessine les contours du canton où l'on voulait que je me présente au nom du RPR que les choses se sont gâtées. J'ai vite compris qu'on m'envoyait à l'échafaud. Ou plutôt : à l'abattoir. Et j'ai surtout compris pourquoi personne ne voulait relever le défi. Pas un volontaire ! Et pour cause, on m'envoyait dans un fief de gauche. Sur le papier, je n'avais aucune chance. Le pire, c'est quant Aimé Fa a pris la parole pour justifier l'expédition. Je l'entends encore et encore dans ma petite tête : «On sait que ce sera difficile, que la plupart de nos candidats seront battus, mais il faut bien que le RPR soit présent dans ces élections et qu'il couvre bien le territoire départemental»... Fallait oser dire ça, non ? C'était désormais clair, on me demandait d'y aller simplement pour faire de la figuration et pour compter les voix RPR. J'ai trouvé sur l'instant que la manière de le dire manquait d'élégance. Pour le moins ! Mais comme ces messieurs m'avaient émoustillé, la mouche m'a pris, je me suis sentie attaquée dans mon honneur et, piquée au vif j'ai décidé de ramasser le gant pour croiser le fer. J'ai accepté d'être candidate. A partir de là, j'ai bûché à fond la nouvelle loi de Décentralisation de Gaston Defferre qui accordait de nouveaux pouvoirs justement aux conseils généraux et régionaux. Je me suis dit, «Ma petite Monique tu vas leur en boucher un coin, tu vas leur montrer que sur le fonctionnement des conseils généraux tu en sais davantage qu'eux»...*

Quelques jours plus tard, Monique Grinard se rend dans les salons d'un hôtel place Gambetta, à Perpignan, où le RPR présente les 9 candidat(e)s qui défendront ses couleurs au scrutin cantonal des 14 et 21 mars 1982.

Il s'agit de : André Quet, huissier de Justice, sur le canton Perpignan VIII (Saint-Assiscle) ; Alain Marti, directeur de sociétés, sur le canton Perpignan IX (Bas-Vernet) ; Aimé Fa, entrepreneur de Transports, sur le canton Perpignan V (Saint-Martin) ; Mlle Catherine Boher, secrétaire d'ambassade, sur le canton Perpignan III (Las Cobas) ; Gabriel Rubio, chef d'entreprise, sur le canton de Toulouges ; Guy Brette, assureur, sur le canton d'Elne ; le docteur Louis Camo, sur le canton Perpignan VI (centre-ville) ; Claude Goze, artisan, sur le canton d'Olette ; et donc Mme Monique Grinard, conseiller juridique et fiscal, sur le canton de la Côte-Radieuse.

Mais Monique Grinard a dans certains cas, la rancune tenace. Elle quitte la salle dès la conférence de presse terminée, refusant de prendre l'apéritif avec les Compagnons. Elle est déjà partie en campagne électorale.

Avec une poignée d'amis, essentiellement des Canétois qui ont pignon sur rue dans la station balnéaire, qui l'escortent dans ses premières réunions publiques, et surtout ses employés qui affichent le long des routes et dans les villages où elle se présente, Monique Grinard découvre les joies et plaisirs d'une campagne électorale : ici, ses adversaires lui lâchent des chiens de chasse à ses trousses ; là, on lui crève les pneus de sa voiture ; ailleurs, on fait pression sur les habitants afin que personne n'assiste à ses réunions... «*On nous a fait de tout. De tout !*», s'indigne-t-elle la main sur le cœur, même si plus loin, en piochant d'autres souvenirs, elle admet en masquant ses yeux avec l'autre main que dans son proche entourage de campagne «*il n'y avait pas non plus que des enfants de chœur*».

Au total, 6 candidats - avec le canton de Céret, celui de la Côte-Radieuse affiche le plus grand nombre de postulants à cette élection - briguent le poste : Simone Parrot (PCF), conseillère générale sortante et maire d'Alénya ; Jean-Louis Olibo (Socialiste Indépendant), maire de Saint-Cyprien ; Gabriel Ibanez (PS) ; Jean Ferrer (Sans Etiquette) ; Roger Raspaud (UDF) et Monique Grinard (RPR).

Monique Grinard a décidé de rencontrer la population de chacune des six communes du canton, certes, mais à chaque fois aussi elle demande à être reçue pour un entretien par le maire ou un de ses adjoints.

A Saint-Cyprien, c'est Jean-Louis Olibo qui la reçoit dans son bureau. Les deux candidats se connaissent déjà, car ils ont eu l'occasion de se rencontrer à plusieurs reprises dans les couloirs de la mairie de... Perpignan, dont le maire est Paul Alduy (UDF). De monsieur Olibo, Monique Grinard a toujours dit qu'il était à ses yeux «*Un type bien... Il était socialiste, mais c'était avant tout un gaulliste parce qu'il avait été résistant. Lorsque nous nous sommes retrouvés en tête-à-tête pour ces élections cantonales de mars 1982, je lui ai confié «Vous savez, je sais que dans cette élection je n'ai aucune chance ; vous êtes maire, moi je ne suis rien»... Je le prends par le bas du pantalon et je lui dis alors : «Je suis la petite souris qui monte, qui monte, qui monte et... qui sait ?». Puis nous en sommes restés là».*

Quelques jours plus tard, Monique Grinard est reçue par le maire de Canet-en-Roussillon, Jacques Coupet (Parti Radical), lequel ne se présente pas à cette élection : «*Il me dit,* raconte Monique Grinard, *vous savez moi je n'ai pas à me plaindre de Mme Parrot, je n'ai pas à me plaindre d'elle, je n'ai pas à me plaindre des communistes». J'ai compris immédiatement. J'ai compris qu'il ne me soutiendrait pas et que surtout il ne voterait pas pour moi. Cela n'avait aucune importance. En nous séparant, j'ai enfoncé le clou : «M. Coupet, de toutes façons, que cela vous plaise ou non je suis candidate ; ma main droite travaille, ma main gauche l'aide ; ce qui compte pour moi ce sont les individus et non les politiques»*...

Peu de gens, dans le microcosme local, et surtout parmi les observateurs de la politique départementale, misent sur la candidature de Monique Grinard.

Détail qui ne trompe pas : les chroniqueurs politiques ont du mal à correctement orthographier son nom dans les médias. Pire : quelquefois, ils vont jusqu'à (involontairement) l'ignorer. L'inconnue, en politique en tout cas, a du mal à percer : à tel point que dans les colonnes du quotidien départemental L'Indépendant, dans un article publié le 6 mars 1982 en tête de page, et consacré à l'ambiance électorale sur la Côte-Radieuse sous le titre «*La stratégie du franc tireur*», le journaliste Georges-Henri Gourrier, qui signe le papier, ne lui consacre que deux maigres lignes (sur les cent cinquante de l'article).

Saint-Cyprien, Canet-en-Roussillon/Saint-Nazaire, Alénya... Monique Grinard poursuit sa route. Avec des hauts et des bas. Mais elle se nourrit de tous ces contre-temps et autres crocs-en-jambe qui donnent du piment aux campagnes électorales. Elle rit aujourd'hui d'une réunion publique, justement à Alénya, où elle avait tenu un meeting dans une salle vide. Ou presque. Il y avait seulement deux individus : «*Le mot d'ordre avait été donné pour que personne ne vienne. J'ai fait comme si la salle était archi-comble. Je crois même avoir remercié les personnalités de la commune pour s'être déplacées en aussi grand nombre...*». Dans ses tracts de campagne et ses communiqués de presse, Monique Grinard explique les raisons de sa candidature : «*parce que j'aime mon pays, parce que j'aime mon département, parce que je me sens capable d'assumer un rôle de conseiller général ; un élu au service de tous, un responsable de l'expension économique, un responsable de l'enseignement et de la culture, un responsable de l'action sociale, un gestionnaire intègre des fonds publics. Agée de 56 ans, mariée en 1945 à un Catalan, veuve à 39 ans, j'ai 3 enfants et 4 petits enfants. J'exerce la profession de conseil juridique et fiscal ainsi que celle d'exploitante agricole à Oms (Pyrénées-Orientales). J'ai donc décidé de mettre ma compétence au service de tous (...). Nouvelle en politique, j'entre dans la bataille des cantonales avec ma foi, mon courage, mes idées, ma compétence. Considérant que seules sont perdues les batailles qu'on ne livre pas, je continuerai ma campagne, avec confiance. Mon planing : agir en concertation avec tous les maires de mon canton sous quelque étiquette qu'ils soient. Il y a des hommes et des femmes capables, dans tous les milieux politiques. J'aime le pluralisme, c'est de là que naissent les idées (...).»*

Le soir du dimanche 14 mars 1982, les résultats tombent : Monique Grinard arrive en tête du premier tour. La candidate du RPR obtient 2 284 voix, soit 23,20% des suffrages exprimés. Elle est talonnée par la conseillère générale sortante communiste, Simone Parrot, qui a rassemblé 2 197 voix (22,32%). Elle même suivie de très, très près par le candidat socialiste, Gabriel Ibanez, 2 188 voix (22,23%). Loin derrière ce trio : Jean Olibo, candidat Socialiste Indépendant pourtant soutenu par le Mouvement des Radicaux de Gauche (MRG), 14,61% des suffrages exprimés ; le «sans étiquette» Jean Ferrer, 12,64% ; et l'UDF Roger Raspaud, environ 5%.

Si pratiquement dans toutes les communes du canton de la Côte-Radieuse, Monique Grinard est plus ou moins nettement distancée par Simone Parrot (cette dernière la devance notamment à Cabestany et Saint-Cyprien), c'est grâce aux électeurs de Canet / Saint-Nazaire, où elle est placée confortablement en tête, qu'elle s'impose au soir de ce premier tour. Pourtant, c'est dans les rues de Canet que le combat électoral a été le plus rude à mener. Un climat ambiant de guerre électorale qui tournait régulièrement au vinaigre, à l'affrontement verbal, voire physique, entre les supporters de Monique Grinard et la municipalité de Jacques Coupet, laquelle pourtant, officiellement, n'était pas partie prenante dans cette élection... Puisque l'équipe du maire de Canet/ Saint-Nazaire ne présentait personne. C'est en effet sur les murs de Canet qu'ont fleuri les graffitis électoraux les plus durs contre Monique Grinard :

*«Partout, ils avaient placardé «Grinard = pinard». Du coup, j'ai retourné ce slogan en ma faveur. Chaque fois que j'arrivais à une réunion je disais aux gens «Pensez pinard et vous direz mon nom, c'est Grinard !». Je peux dire que dans un département où la viticulture compte pour beaucoup, cela a produit un électrochoc. Mes adversaires pensaient me déstabiliser en me faisant passer pour une «bringueuse», pour une personne qui buvait trop... Au final, c'est eux qui ont bu la tasse».*

Mais le second tour s'annonce particulièrement serré.

L'entre deux-tours ne se fera pas dans la dentelle, tellement les deux candidates vont rivaliser «d'exquises politesses», à coups de tracts incendiaires et de communiqués de presse qui frisent la correctionnelle (côté diffamation).

Peu importe de savoir laquelle des deux candidates a tiré la première, force est de constater que dans les deux camps on n'y va pas avec le dos de la petite cuillère... Trêve de compliments, trêve de cérémonies, tout y passe.

Au lendemain du premier tour, dans ses remerciements adressés aux électeurs par voie de presse, et parus dans le journal local daté du 19 mars 1982, Monique Grinard enfourche : «*Electrices, électeurs, dimanche le choix est clair : Ou bien vous voterez pour la candidate du parti totalitaire, vous ferez vôtre l'idéal communiste, c'est-à-dire l'humanisme tel qu'il est vécu à Prague, Varsovie ou Kaboul. Vous voterez pour l'aventurisme économique et à terme le chaos social (...). Ou bien, avec moi, vous choisirez la voie difficile de l'effort dans le progrès, la voie de la liberté et de la démocratie (...). N'oubliez pas que le changement communiste, c'est Jaruzelski contre les ouvriers polonais, ce sont les chars soviétiques contre les paysans afghans (...). On ne bâtit pas l'avenir sur l'intolérance, l'intransigeance, le dogmatisme et la force. Je lance un appel solennel à tous les démocrates : avec nous, dimanche vous consoliderez la défaite communiste et la victoire de la liberté.*»

Simone Parrot n'est pas en reste. Dans un tract intitulé «*Qui êtes-vous Mme Grinard ?*», elle fustige : «*Mme Grinard, une inconnue ? Non ! Parachutée, oui ! Dans notre canton où il fallait que la droite purifie son image tant son candidat d'il y a six ans l'avait pour la moins ternie par une fraude électorale dont, de triste mémoire, chacun se souvient ; il vous accompagne aujourd'hui dans vos réunions ! Vous vous dites «juriste», «exploitante agricole», «mère de famille» et c'est ès-qualités que vous prétendez représenter le canton ? Non, vous êtes disqualifiée au moins pour trois raisons : en tant que juriste, vous avez usé de toutes les ficelles vous permettant de vous installer un domaine seigneurial dans les Aspres, et divers cabinets à Perpignan et hors département. Propriétaire, vous l'êtes ! D'une quarantaine d'hectares à Oms ! Mais vous n'avez rien de commun avec les petits et moyens paysans, les vrais, ceux qui ne se contentent pas de cotiser à l'AMEXA pour prétendre à la qualité d'exploitant, et appréhender ainsi diverses primes. Vous n'êtes pas de ceux qui travaillent de leurs mains, ni de ceux que vous, et les vôtres, avez réduit en vingt ans, à la ruine et au désespoir, et à qui un de vos amis avait dit «Qu'ils crèvent !». M. Chirac, votre maître à penser, ayant quant à lui, signé en 1970, avec l'Espagne, un accord d'importation de fruits et légumes au détriment de nos producteurs (...). Vous êtes madame, la représentante de l'ancien régime, d'une politique du passé que notre population a condamnée à plusieurs reprises. Les électrices et les électeurs, les vrais démocrates, les républicains, ne peuvent faire confiance à celle, qui, invita rue de l'Ange, dans un hôtel particulier, et en 1980, dans son domaine d'Oms, le prince de Bourbon, cousin du roi d'Espagne, dernier descendant de la monarchie dont vous avez une profonde nostalgie. Non, dans la Côte-Radieuse, la droite la plus réactionnaire ne passera pas (...)».*

On connait la suite. Le soir du second tour, le dimanche 21 mars 1982, Monique Grinard l'emporte. Elle est élue conseillère générale RPR du canton de la Côte-Radieuse avec 5 380 voix (52,33%) contre 4 900 à sa rivale, Simone Parrot.

Elue, mais toujours inconnue au bataillon politique départemental. En effet, le 23 mars 1982, le journal L'Indépendant persiste et signe, sous la plume cette fois-ci de René Grando : *«Au même titre qu'Alain Marti (à Perpignan) et que le docteur Henri Soler (à Vinça) ; c'est ainsi que l'implantation locale, des parrainages illustres, voire la valeur et la crédibilité personnelles des candidats n'ont pu enrayer la «vague bleue» qui a porté en tête des inconnus tels que Monique Grinard (...)».*

La «Vague bleue» a effectivement déferlé sur le sol roussillonnais à l'occasion de ces élections cantonales des 14 et 21 mars 1982, puisque, contre toute attente, deux candidats RPR font leur entrée dans l'hémicycle départemental : Alain Marti, sur le canton Perpignan IX, et Monique Grinard, dans le canton de la Côte-Radieuse. La nouvelle assemblée départementale des Pyrénées-Orientales, penche légèrement à droite : 15 pour 14 à gauche.

Dans les remerciements qu'elle adresse à ses 4 900 électeurs du second tour, Simone Parrot, la conseillère générale communiste sortante battue, déplore que «*pour diverses raisons, l'ensemble des forces de gauche n'a pas retrouvé lors de ces éléctions cantonales de mars 1982, son audience de mai et juin 1981. Ceci est dommageable pour la gauche en général et pour la population laborieuse de notre canton et de notre pays. Consciente d'avoir, pendant ces six années écoulées, honoré le mandat que m'avait confié la population du canton Perpignan III/Côte-Radieuse, j'accepte avec sérénité et confiance le verdict du dimanche 21 mars 1982. Ceux qu'on a persuadé à force de démagogie et de pressions diverses, venant d'élus ou d'organismes professionnels, à voter RPR au second tour, s'apercevront hélas bientôt qu'ils ont été trompés (...) Merci encore à tous ceux qui m'ont fait confiance par leur vote, à tous les membres de mon comité de soutien (...) Le combat continue, notre travail ne sera jamais vain !*»

Monique Grinard doit à nouveau sa victoire au second tour grâce à l'électorat de la ville de Canet/ Saint-Nazaire, qui lui donne une nette avance sur sa rivale, Simone Parrot : 2 141 voix contre 1 391 voix. Les communes de Latour-Bas-Elne et de Saleilles la placent également en tête, mais bizarrement pas celle de Saint-Cyprien - 1 030 voix contre 1 098 voix à Simone Parrot - où pourtant elle bénéficiait entre les deux tours du soutien de Jean Olibo dans la mesure où celui-ci avait mis tout son staff de campagne à sa disposition... A l'époque, il faut se remettre en mémoire que l'échec de Jean Olibo, dès le premier tour du scrutin, avait surpris tout le monde. Sa médiocre performance cantonale, seulement 14,61%, alors qu'il était maire de Saint-Cyprien, qui plus est solidement ancré et très estimé, soutenu très activement par de nombreux réseaux (dont celui du MRG que l'on pensait bien implanté localement), avait étonné toute la classe politique départementale. Et ce d'autant que Jean Olibo paraissait le mieux placé pour inquiéter Simone Parrot, PCF, conseillère générale sortante.

A l'arrivée donc, c'est l'inconnue Monique Grinard qui est élue. Plus tard, elle dira aux journalistes : «*Je pense avoir plu aux gens parce que je ne leur ai rien promis. Dans chacune de mes réunions, j'ai dit aux électeurs du canton qu'élue je les représenterai, je les défendrai, je m'efforcerai de leur venir en aide dans la mesure de mes moyens, mais moi je ne leur ai jamais promis la lune, l'inaccessible. Comme tous les agriculteurs, comme tous les «gens de la terre», je suis quelqu'un de réaliste, qui a sans jeu de mots les pieds sur terre».*

Monique Grinard se retrouve dans une assemblée départementale dont la composition reste, près de trente ans plus tard, unique, presque «mythique» car tellement exceptionnelle par la qualité de ses membres. Jamais plus, dans l'histoire de cette institution territoriale, nous aurons l'occasion - et le bonheur - de croiser dans un même hémicycle un si impressionnant casting : Jean Catala, Jacques Farran, Renée Soum, Paul Alduy, Suzanne Lacalm, Louis Camo, Michel Ey, Daniel Gineste, Alain Marti, Jacques Bordaneil, Jacqueline Alduy, Jean Marti, Henri Sicre, Narcisse Planas, Antoine Sarda, Guy Malé, André Daugnac, Alain Nunez, Jean Lannelongue, Emile Parès, Joseph Calvet, Pierre Estève, Joseph Albert, René Marquès, Paul Blanc, Léon-Jean Gégory, Louis Caseilles et Henri Soler.

Que du beau linge ! Politiquement s'entend. Toutes celles et tous ceux qui, à ce moment-là, faisaient en quelque sorte la pluie et le beau temps sur la scène publique. Imaginons le Conseil général des P-O qui, aujourd'hui en 2010, rassemblerait face ou aux côtés de Christian Bourquin : Jean-Paul Alduy (sénateur et président UMP de Perpignan Méditerranée Communauté d'Agglomération), Pierre Aylagas (maire PS d'Argelès-sur-Mer), Michel Benassis (président de la Chambre d'Agriculture), Paul Blanc (sénateur-maire UMP de Sournia), François Calvet (député-maire UMP de Le Soler), Jean Castex (maire UMP de Prades), Pierre Estève (conseiller général PS du canton de Saint-Paul-de-Fenouillet), Olivier Ferrand (maire-adjoint PS à Thuir et fondateur de Terra Nova), Bernard Fourcade (président de la Chambre de Commerce et d'Industrie de Perpignan et des P-O), Fernand Siré (1), Nicolas Garcia (maire PCF d'Elne), Jacqueline Irles (députée-maire de Villeneuve-de-la-Raho et présidente du Comité départemental de l'UMP), Guy Lormand (ex-patron de la CCI, diacre et fondateur de la puissante chaîne hôtelière familiale régionale

---

*(1) Fernand Siré (médecin à la retraite, né le 31 mars 1945) a succédé au mois d'avril 2010 à Arlette Franco, dont il était le suppléant, dans la fonction de député de la deuxième circonscription des Pyrénées-Orientales. Fernand Siré a pris l'étiquette UMP, il est également maire de Saint-Laurent de la Salanque. Dans le cadre de la loi anti-cumul de mandats, il a abandonné son mandat de conseiller général.*

Roussill'Hôtels), Daniel Mach (député-maire UMP de Pollestres), Jean-Marc Pujol (maire UMP de Perpignan), Maïté Sanchez-Schmid (députée européen UMP, élue perpignanaise), Jean Vila (maire PCF de Cabestany), Bernard Dupont (1)... Par exemple.

Le 24 mars 1982, Monique Grinard, avec les 28 autres conseillers généraux, est appelée à élire le nouveau président de l'assemblée départementale, celui qui succèdera au préfet comme chef de file de l'Exécutif départemental, son nouveau Bureau et les différentes commissions.

Guy Malé, élu depuis 1979 sur le canton de Mont-Louis, et qui vient tout juste d'adhérer au Mouvement des Radicaux de gauche (MRG) - inspiré quelques mois après la victoire de la gauche et de son candidat François Mitterrand à l'élection présidentielle... - est donné comme favori. Même si, on vient de le voir, et à une voix seulement d'écart, et forcément de majorité, l'assemblée départementale est désormais plus bleue que rose-rouge.

Monique Grinard l'a d'ailleurs déjà rencontré de suite après son élection sur le canton de la Côte-Radieuse : «*J'ai tenu à le voir très rapidement, parce que pendant la campagne nombre d'électeurs, surtout parmi les élus dans les petites communes, m'avaient dit «Mme Grinard on veut bien voter et faire voter pour vous, mais à la condition de voter ensuite pour Guy Malé à la présidence du Département*»... *Donc, je suis élue, je vois Guy Malé et je lui dis : «Moi, ce que je souhaite avant-tout, c'est l'intérêt supérieur du département et de ses habitants, une bonne gestion. Pas d'étiquette, pas de politique politicienne ! Si vous me promettez que vous agirez dans ce sens, vous pouvez compter sur mon soutien et sur ma voix*»...

Dans la foulée de cette entretien, elle en profite pour lui demander de figurer en bonne place dans son équipe : «*Je ne souhaitais pas obtenir un poste de vice-présidente, mais d'être bien placée au Bureau pour être le plus efficace possible*».

---

*(1) Bernard Dupont (directeur général des services de la Ville de Canet-en-Roussillon du 1er septembre 1983 au 3 décembre 2004, né le 24 mai 1951), lui, a succédé à Arlette Franco en tant que maire UMP de Canet-en-Roussillon. Il a été élu, le dimanche 9 mai 2010, au second tour avec 52,5% des voix, face à Henri Valls, également membre de l'UMP, qui a obtenu 47,5%. La participation a été de 64,9% (10 136 inscrits). Nombre de votants : 6 582. Suffrages exprimés : 6 353.*

Dauphin désigné du sénateur Léon-Jean Grégory, Guy Malé, conseiller général MRG du canton de Mont-Louis et vice-président de l'assemblée départementale sortante, est élu le 24 mars 1982 président du Conseil général des P-O (face à la candidate de la Gauche, la députée socialiste Renée Soum, qui obtient 12 voix). Il est élu par les 16 voix de l'Opposition (droite), et ce malgré le fait - relèvent poliment les observateurs - qu'il ait adhéré au Mouvement des Radicaux de Gauche après le 10 mai 1981... Mais Guy Malé, alors âgé de 52 ans, fils d'instituteur, directeur technique aux organisations spécialisées dans l'Habitat rural de la Mutualité Agricole, précisera qu'il s'était mis «*en congé de parti*» (!), au lendemain du succès de l'Opposition (de droite) aux cantonales des 14 et 21 mars 1982... Et que si ce 24 mars 1982 il a obtenu ce consensus majoritaire c'est «*uniquement en raison de mon expérience dans la gestion des affaires départementales*»... La couleuvre sera quand même difficile à avaler pour ses anciens camarades de gauche, lesquels, quelques heures plus tard, démissionneront de toutes les présidences de commissions ainsi qu'ils rejetteront en bloc l'attribution des délégations extérieures.

Le souci de (ré)conciliation qui animait Guy Malé en voulant proposer, dès son élection au «perchoir» départemental, d'appliquer le système de la représentation proportionnelle pour les présidences de commissions, etc-etc, vole en éclats.

Le Conseil général des P-O s'ancre à droite. C'est maintenant un fait indéniable. Puisque c'est la droite qui y est non seulement majoritaire, même d'une courte tête, et qui y a mis Guy Malé aux commandes.

La droite restera aux «affaires» jusqu'au printemps 1998, lorsque Christian Bourquin (1), 44 ans, ingénieur de formation, député et conseiller général PS de Millas, battra le sénateur UDF et maire de Saint-Laurent-de-la-Salanque, le docteur René Marquès, 75 ans.

---

*(1) Douze années plus loin, en juin 2010, Christian Bourquin est toujours président du Conseil général des P-O. Il a même été réélu brillamment vice-président du Conseil régional Languedoc-Roussillon aux côtés du bouillant président et ancien maire PS de Montpellier, Georges Frêche, offrant à la gauche l'un de ses plus beaux scores historiques. Fort de ce succès, Christian Bourquin devrait briguer logiquement le Sénat en 2011.*

# 1982. Une conseillère générale est née

Certes, lorsqu'elle entre au Conseil général des Pyrénées-Orientales (P-O), Monique Grinard n'est pas la seule femme. Il y a déjà Jacqueline Alduy, maire divers-droite d'Amélie-les-Bains/Palalda et conseiller général du canton d'Arles-sur-Tech (qui englobe la commune d'Amélie), Suzanne Lacalm, élue PS sur le canton Perpignan V (quartier Saint-Martin), et la députée socialiste Renée Soum qui représente le canton de Perpignan III (quartier Saint-Gaudérique).

Mais son style, son franc-parler, sa gouaille, son culot, la manière qu'elle a d'imposer son rythme à la barbe de quelqu'un et de ne pas y aller de main morte, de se jeter à l'eau là où d'autres plus précautionneux hésiteraient encore et encore, de dépasser les bornes aussi parfois en fanfaronnant entre bluff et exagération pour bousculer les débats, tout cela va incontestablement introduire une sacrée dose de renouveau au sein de l'Assemblée départementale.

Le comportement de l'élue représentant le canton le plus peuplé - avec plus de 15 000 électeurs inscrits déjà - des 29 cantons qui scellent la composition du Conseil général des P-O ne passera jamais plus inaperçu. Une attitude qui exaspère mais qui ne laisse jamais indifférent : l'énergie de Monique Grinard énerve les uns, dérange les autres, sa détermination en séduit d'autres, son enthousiasme enflamme ou fait rire... Et déconcerte nombre de bonnes volontés qui la définissent «*fantasque comme une (vieille) mule*», lui reprochant son manque d'habileté et son côté «*briseuse de portes ouvertes*».

Que nenni ! Chacun va pouvoir mesurer très rapidement de quel bois Monique Grinard se chauffe. Car son audace, son hardiesse, son toupet, qu'elle revendique, elle les met d'emblée au service de l'institution départementale, voulant être formée au plus tôt aux rouages de la «machine» territoriale pour, comme elle se l'était jurée durant toute la campagne électorale, mettre le pied à l'étrier et la main à la pâte dans les plus brefs délais. Pas de temps à perdre, Monique Grinard veut être présente sur tous les fronts pour apprendre et répandre. Elle veut ajouter «sa» pierre à l'édifice.

Et cela commence dès l'élection de son candidat, Guy Malé, à la présidence du Département. Elle va le voir dans son bureau et lui rappelle son souhait le plus vif d'intégrer l'équipe dirigeante pour être le plus efficace possible. Elle lui rappelle surtout leur entretien avant qu'il ne brigue le perchoir du Conseil général des P-O, et que, elle, Monique Grinard, fidèle et sincère jusqu'au bout, a bien rempli son contrat qui consistait à soutenir la candidature de Guy Malé pour la présidence de l'Assemblée départementale. C'est chose faite, aujourd'hui ! En retour, Guy Malé lui renouvelle sa gratitude et la rassure sur ses intentions à son sujet : «*Monique, tu as trop de travail, tu es trop prise par tes activités professionnelles, donc je te propose d'abord d'écouter, avant de t'installer aux responsabilités. Contente-toi d'écouter les débats au sein de l'assemblée, tu verras ensuite, plus tard...*».

Frustrée, agacée et le regard au bord de la colère, Monique Grinard quitte le bureau de Guy Malé en claquant la porte : «*Moi, quand on me parle comme ça, je sais ce qu'il me reste à faire... Les postes, les responsabilités, je me les suis pris !*».

En effet, lorsque l'heure de la distribution des premiers prix (présidences) et des rôles (commissions) sonne, Monique Grinard ne va pas se gêner. Un grand moment de la petite histoire cantonale : Conservatoire du Littoral, Démoustication, Ports et pêche, Formation, Agriculture, etc-etc : à chaque fois madame le conseiller général lève le doigt pour intégrer les groupes. Résultat : on la retrouve dans toutes les commissions départementales ; parfois même à des postes clés, et, surtout, où on ne l'attendait pas, comme : trésorière du puissant Comité départemental de tourisme (CDT) ; elle occupera ce poste pendant douze ans d'affilée. Ou encore vice-présidente du conseil d'administration de l'Hôpital de Thuir : «*Je me suis mise partout parce que je considérais que si j'avais été élue, c'était vraiment pour retrousser les manches et pas pour se contenter de faire de la figuration ou je ne sais quelle représentation*».

Pendant les six premiers mois de son mandat, Monique Grinard reconnaît tout de même que le conseil formulé par Guy Malé lui a servi de leçon quelque part, car dans toutes ces commissions elle va d'abord passer son temps à écouter tout le monde. Sa meilleure heure d'écoute étant lorsque les barons locaux se jettent des pierres dans l'hémicycle départemental ; des joutes verbales qu'elle n'est pas prête d'oublier, tellement «*c'était intense et formateur. C'est dans ces moments-là que j'ai découvert un grand président, Guy Malé, le plus grand président de Conseil général que j'ai connu, un homme exceptionnel».*

Aux lendemains de la mise en place des commissions départementales, Monique Grinard est amenée à se rendre sur le terrain pour, en fonction de ses responsabilités au sein de celles-ci, animer divers travaux. C'est le cas aux Saintes-Maries-de-la-Mer, commune des Bouches-du-Rhône, au cœur de la Camargue, où se tenait l'assemblée générale annuelle du Conservatoire du Littoral.

Au menu : bilan et perspectives, acquisitions foncières, repas le midi et course de taureaux l'après-midi. Monique Grinard sort de sa voiture, serre des mains... *«Et on me lance «Ici c'est le PS». Je dis «Ah, bon !?». Je me retourne, je lève mes talons pour faire comme si je cherchais quelqu'un à l'horizon et, effectivement, je constate devant eux que j'étais la seule de droite présente ce jour-là. Je dis au chauffeur du Conseil général «Bon, on va à la réunion, on y assiste, c'était Georges Frêche qui la présidait, puis nous repartirons». A la fin de la réunion, j'avais tout appris du fonctionnement du Conservatoire du Littoral, ses objectifs, la protection de l'environnement et l'achat de terrains côtiers... A 12h30/ 13 heures, la réunion terminée, je dis au chauffeur «On rentre ! On laisse les socialistes entre eux puisque maintenant ils font de la politique. On part, je te paye un gueuleton à La Grande-Motte (dans l'Hérault)»... Et nous sommes partis. L'année d'après, re-Conservatoire du Littoral. Mais cette fois-ci l'assemblée générale se tient à Narbonne (Aude). La réunion s'achève à 13h30, comme j'avais des clients à voir à Perpignan dans l'après-midi, je dis au chauffeur on ne va pas rester avec eux, pour s'avancer on va se trouver une petite table dans le coin et ça ira plus vite. Malheureusement, c'était en hiver, un lundi ou un mardi je ne sais plus, et beaucoup de restaurants étaient fermés. En définitive, je me retrouve dans la salle du restaurant où les élus membres du Conservatoire du Littoral étaient attablés. J'entre pour déjeuner, je vois Georges Frêche, il était assis. Et, de sa place, il m'interpelle : «Dis petite, c'est toi que nous avons attendu l'année dernière pendant une heure pour manger et qui n'est jamais venue !... Où étais-tu passée ?». Du tac au tac je lui réponds sur un ton enfantin, comme si j'étais une gamine qu'on venait de gronder : «Je voulais vous laisser entre socialistes, puisque vous étiez soi-disant entre socialistes... C'était le Conservatoire des socialistes, moi je ne suis pas socialiste, je ne sais pas ce que c'est votre socialisme...». A son tour il me lance : «Quelle tête de cochon !». Je riposte : «Si moi je suis une tête de cochon, alors vous, vous êtes une tête de veau !». Et c'est de là qu'est partie notre amitié entre Georges Frêche et moi».*

L'année suivante, toujours lors de l'assemblée générale annuelle ordinaire du Conservatoire du Littoral, c'est le temps des élections. Il faut choisir une nouvelle équipe, élire un nouveau Bureau et son président. Monique Grinard se souvient : *«Je commençais à être sourde. Je ne sais pas ce qui m'a pris, quelle mouche m'a piqué, j'ai cru entendre mon prénom ou une question quelconque, j'ai levé la main. Mais je ne savais pas du tout ce dont il s'agissait. Je lève la main et tout le monde me regarde. Et me félicite. Applaudissements dans la salle : «Bravo Monique, tu viens d'être élue». Mais je ne savais pas à quoi. L'heure du déjeuner arrive, je m'asseois en bout de table avec le chauffeur du Conseil général, j'étais très discrète moi dans mes fonctions, je me tenais toujours à l'écart... Je ne me suis jamais avancée pour couper un cordon ou pour être sur la photo... Et puis j'entends Georges Frêche qui m'interpelle à nouveau en criant : «Eh, là-bas, petite ! Viens à côté de moi !... Vous êtes nommée vice-présidente du Conservatoire du Littoral, c'est donc logique que la vice-présidente soit à côté du président, non ?». Je venais d'apprendre qu'en levant la main j'avais accepté d'être nommée vice-présidente du Conservatoire du Littoral».*

Une responsabilité, de plus, pour Monique Grinard, qui lui tiendra particulièrement à cœur. Plusieurs fois elle se déplace à Paris pour signer les acquisitions foncières, car le président Georges Frêche la délègue pratiquement systématiquement dans le cadre de ses hautes fonctions : *«Et j'ai découvert un type comme ça ! Frêche est un monsieur. En tout cas, moi, dans notre relation politique je n'ai jamais eu à m'en plaindre».*

Même ambiance amicale avec les élus communistes qui en 1982 siègent au Conseil général des P-O : Joseph Albert (canton de Saint-Laurent-de-Cerdans / Prats-de-Mollo), Narcisse Planas (canton d'Elne), puis plus tard Jean Vila, maire PCF de Cabestany, lorsque le canton de la Côte-Radieuse subit une première amputation communale en 1985... *«Joseph Albert et Narcisse Planas, mais c'étaient des types extras, super !, avec moi. Je n'ai pas honte à dire que ces élus communistes-là m'ont appris le métier. Je suis amie avec tous. Aucun ne peut dire que j'étais contre eux au sein de l'Assemblée départementale. Chacun a ses idées, mais pourquoi les leurs ne seraient-elles pas bonnes ? Ils m'ont appris certaines ficelles du métier de conseiller général»*.

Même Jean Vila trouve grâce à ses yeux. «*Quand je le croise en faisant mes courses, on s'embrasse comme du bon pain*». Pourtant, lors de la campagne électorale pour les cantonales de 1985, lorsque Monique Grinard accompagnait partout le candidat de la droite, Michel Berdaguer (UDF, adjoint au maire de Perpignan), il y eut quelques frictions légendaires. Et déjà en 1982, lorsque Monique Grinard s'était présentée contre la conseillère générale sortante communiste, Simone Parrot : «*On m'avait dit, ce que j'ignorais, que le jour d'une élection il fallait se montrer dans tous les bureaux de vote et serrer toutes les mains... Moi, très disciplinée, je suis passée dans tous les bureaux de vote du canton, puisque c'est là qu'il fallait se montrer et serrer des mains. Etre vue et reconnue, comme on dirait maintenant. Dans un bureau de Cabestany, je vois quelqu'un assis, je m'approche tout naturellement pour lui serrer la main, et lui me fait signe : «Mais madame, je ne vous connais pas !». C'était Vila. Il avait une photo de Mme Parrot sur lui. «Ah, vous ne me connaissez pas ? Eh bien vous voyez, je suis l'autre ! Voyez c'est elle qui se présente», j'ai alors posé un doigt sur la photo de Mme Parrot qu'il avait sur lui, «mais moi je suis l'autre»*...

Très étonnamment, et même si en Pays catalan cela peut n'avoir rien de «bizarre-bizarre», c'est plutôt avec les élus de son bord politique, de droite, que les débuts de Monique Grinard en tant que conseillère générale vont être les plus délicats, et pour le moins mouvementés. Des rapports souvent conflictuels, nourris par une succession de coups-bas et d'initiatives douteuses.

Alors que Monique Grinard siège à la commission des Ports et pêche, Arlette Franco, RPR depuis peu, premier adjoint au maire UDF de Canet-en-Roussillon, et qui entre temps s'était présentée à la Région (1) où elle finira par être élue, tente de la déboulonner de ladite Commission. Elle s'y acharne. En vain. Car les socialistes prennent la défense de Monique Grinard et, à chaque renouvellement de candidature, ils lui témoignent leur confiance par leur vote. Dès lors, à chacune de ses tentatives pour la dégommer, Arlette Franco échoue.

---

*(1) Arlette Franco sera élue au conseil régional Languedoc-Roussillon en 1992 et réélue en 1998.*

Lors d'une assemblée générale de la commission Démoustication, c'est avec un autre élu de droite, Jacques Blanc en personne, UDF, que la partie de bras-de-fer s'engage. Le député-maire de La Canourgue vient d'être élu président de la Région Languedoc-Roussillon. Il entame ce qu'on pourrait appeler la tournée des popotes. Il se présente aux membres de la commission régionale de Démoustication et sollicite dans la foulée leurs suffrages pour prendre la tête de leur groupe.

Mais il le fait sur le ton de l'intrigue, un brin menaçant, pour le moins maladroit, qui va déplaire à tous, et notamment à une certaine Monique Grinard : «*Il nous dit en substance, en se présentant, il faut que lors du vote qui va avoir lieu à l'issue de votre assemblée, vous m'élisiez à la présidence de la Démoustication... N'oubliez pas que c'est la Région qui attribue les subventions, et ce serait donc dommage pour vous que vous ne votiez pas pour moi...»*. *Silence mortel dans l'assemblée, composée essentiellement d'élus socialistes. Je me suis levée pour à mon tour interpeler Jacques Blanc : «Monsieur le président, pas encore de la Démoustication, vous mettez une condition si on ne vous élit pas président de la Démoustication, à savoir que vous ne nous donnerez plus de subvention... Bravo ! Et vous êtes en même temps président du Comité régional de tourisme (CRT)... Cela permettra à tous les touristes d'aller au bord de l'eau et de se faire piquer en musique !... Ce n'est pas bien. Ce n'est pas des choses à faire. On ne met pas des conditions quand on veut être élu. «Ou vous votez pour moi, ou je ne vous donne pas de subventions», j'ai le regret de vous dire président que ce n'est pas ça la politique... Nous voterons pour vous, les subventions dans ce cadre-là on s'en fiche, mais ce que vous venez de faire ce n'est pas beau»*...

Jacques Blanc atteint son objectif. Le président de la Région s'installe aussi aux manettes de la Démoustication.

# 1983. La bataille de Canet

Si Monique Grinard a, en 1982, remporté l'élection cantonale sur la Côte-Radieuse avec le succès que l'on sait, c'est en grande partie grâce aux électeurs de la commune de Canet/ Saint-Nazaire dont le vote s'est massivement reporté au second tour sur sa candidature.

Celle qui s'était présentée, sous la bannière RPR, pour mener son combat, et qui proposait, entre autres objectifs de *«développer le tourisme estival et hivernal, soutenir les entreprises existantes et aider les nouvelles à s'implanter (...)»*, mettant en avant sa profession de conseil juridique et fiscal, ainsi que de conseiller dans de nombreuses PME (Petites et Moyennes Entreprises), parallèlement à son métier d'exploitante agricole (à Oms), avait su s'attirer les suffrages de nombre d'artisans, de commerçants et de professionnels du tourisme solidement implantés dans la station balnéaire préférée des Perpignanais (proximité oblige), Canet-plage.

C'est donc logiquement que l'année suivante, en 1983, des acteurs influents de la société civile canétoise, très en prise de par leurs activités dans les secteurs culturel, économique et social, la poussent à relever le gant en conduisant une liste aux élections municipales des 6 et 13 mars 1983. Ceux-là ne supportent plus les frasques et l'arrogance du maire sortant de Canet/Saint-Nazaire, Jacques Coupet, UDF, en place depuis 1971.

A la tête de ces leaders l'opinion locaux, que Monique Grinard affublera très sympathiquement de l'appellation «coco-boys» : François Miermont (incontournable commerçant dans la station), Jean-Marie Bouchard (administrateur de biens), Richard Beauvais (célèbre décorateur), Jean-Louis Montgaillard (commerçant et restaurateur, cheville ouvrière pour le montage de la liste), Jacques Séguy (directeur de collège)... Tous, d'ailleurs, se présentent avec elle, sur sa liste. Tous incroyablement dévoués, prêts à se mettre en quatre, à se dresser en épée de chevet. Tous convaincus de rafler la mise canétoise à l'occasion de ces élections municipales de 1983, alors qu'ailleurs, non loin de là, à Perpignan, les observateurs politiques misent plutôt sur Jacques Coupet dans ce combat de «Monique» contre Goliath.

Et puis il y a les personnalités de l'ombre, dont la connaissance du terrain et des gens sera essentielle pour mener cette bataille des municipales : Pierre Cohen et José Perarnaud, notamment.

Pierre Cohen (1), dit «Pierrot», est (re)connu dans la station comme le loup blanc. Sémillant commerçant indissociable de la vie canétoise, sa famille possède hôtel et restaurants dans la station. Il sera au volant de sa «Mercedes» le chauffeur et confident de Monique Grinard durant toute la campagne, à ses petits soins, se mettant à son entière disposition pour conduire la candidate sur tous les fronts, électoraux bien évidemment.

José Perarnaud, commerçant également, est un personnage truculent et controversé, haut, très haut en couleurs, avec le verbe «pagnolesque». Il a ses entrées partout à Canet, physiquement c'est une montagne humaine dont les gros bras pourraient s'avérer utiles, le moment venu, dans les «tournants de la campagne», uniquement en guise de dissuasion bien sûr... José Perarnaud est un fidèle de la première heure. Il a déjà été le délégué titulaire de Monique Grinard pour tenir un bureau de vote à Cabestany, lors des élections cantonales de 1982. Son épouse, Marie-Paule Perez, figure sur la liste ...

Monique Grinard bénéficie aussi du soutien d'une partie importante des habitants de Saint-Nazaire, auxquels elle a promis, si elle était élue, un référendum «pour» ou «contre» leur indépendance vis-à-vis de Canet. En effet, la grogne monte du côté des Nazairiens qui ont, de plus en plus, l'impression d'être abandonnés, d'être les parents pauvres de Canet, depuis leur fusion en 1972.

Village à vocation agricole, Saint-Nazaire, environ 800 habitants au moment de la fusion, s'est vu soudainement rattaché sans trop comprendre pourquoi à Canet, dont la vocation est elle touristique. La conséquence la plus grave de ce rapprochement «forcé» a été la division du village en deux blocs hostiles. Les «pour»,

---

*(1) Pierre Cohen, né le 10 octobre 1941, décédé le 25 octobre 1999 dans un accident de la route. Il avait tenu notamment le restaurant canétois «Le Florentin».*

d'accord avec cette association, et les «contre», qui ne rêvent que de retrouver leur commune avec un maire et un conseil municipal bien à eux...

A l'occasion de ces municipales, les Nazairiens estiment dans leur majorité que l'heure du choix a sonné. Et Monique Grinard va les soutenir dans cette initiative : «*Les résultats de la fusion sont évidemment catastrophiques*», écrit-elle dans l'un de ses tracts de campagne pour encore mieux enfoncer le clou dans une querelle de clochers qui n'en avait pas besoin. «*Un seul exemple : ayant appuyé la demande concernant la création d'une pharmacie à Saint-Nazaire, le Préfet m'a répondu «Canet/ Saint-Nazaire possède quatre pharmacies ; trois à la plage et une au village de Canet. C'est conforme au nombre d'habitants (...)». Conforme, peut-être, mais totalement illogique. De plus, avez-vous un terrain de sport ? Non. Et vous supportez les charges de l'association avec Canet sans en avoir la contrepartie*».

Monique Grinard sait qu'elle joue là sur du velours. Elle vient de sonner le réveil identitaire des Nazairiens, déjà très inquiets de la charge financière qui leur incombe dans cette «si chère fusion». Ils ont le sentiment d'être plumés, d'être la vache à lait d'un système à sens unique, d'être, en cinq mots : les dindons de la farce.

De l'avis de tous, l'aventure électorale s'annonce pour le moins agitée. Les plus sereins d'entre eux savent que les diverses listes en présence ne se feront pas de quartiers et pas de cadeaux.

Ils pronostiquent d'ores et déjà qu'il sera impossible de dormir sur les deux oreilles et qu'il faudra en permanence avoir l'œil au vent, du coffre et de l'estomac. Qu'il faudra avoir la santé, tellement l'enjeu, la prise de Canet, est capitale sur l'échiquier politique départemental. Ils s'attendent à un flot continu de mesquineries, à une certaine médiocrité dans les débats : ça va voler bas, très bas, en-dessous de la ceinture c'est sûr. Le décor est planté.

Déjà troisième commune - après Perpignan et Saint-Estève - des Pyrénées-Orientales (P-O) par sa population, environ 8 000 habitants au recensement de 1982, Canet/ Saint-Nazaire aligne après Perpignan le deuxième budget municipal des P-O. Tout l'enjeu est là.

Monique Grinard accepte de se présenter, mais elle prévient son proche entourage et ses supporters : «*Si nous sommes élus, je siègerais comme simple conseillère municipale, car j'ai trop de travail de par ailleurs...*». Elle confie également que c'est aussi après une rencontre avec Paul Alduy, maire UDF de Perpignan, qu'elle s'est décidée à se jeter dans le bain des municipales : «*Paul Alduy voulait que je me présente avec lui, dans un premier temps, mais devant mon refus il m'a vivement conseillé d'être candidate alors sur Canet. Cela lui semblait relever de la logique et du bon sens...*».

Banco ! Monique Grinard est d'autant plus enthousiaste à se lancer dans la bataille des municipales sur la ville de Canet, qu'elle n'a pas oublié le comportement de son maire, Jacques Coupet, défavorable à son encontre, l'année d'avant lors des cantonales... Sans négliger également l'attitude de son premier adjoint, Arlette Franco, qui, selon Monique Grinard, n'a de cesse que de la «black-bouler» et d'essayer de l'envoyer au tapis, depuis son élection au Conseil général des P-O en 1982.

Monique Grinard tiendrait-elle là, lors de ce scrutin, une occasion inespérée pour prendre une revanche et d'un seul coup éliminer deux solides adversaires ? Là où chat n'est, la souris se révèle.

La nouvelle conseillère générale du canton de la Côte-Radieuse pense détenir la clé des champs, vivement encouragée par Paul Alduy - à cette époque ils se retrouvent souvent dans les Aspres, sur les hauteurs du village d'Oms, où les deux élus possèdent chacun une somptueuse propriété et s'y reçoivent mutuellement - soutenue par ses «coco-boys» et de nombreuses bonnes volontés anonymes.

Seulement voilà, deux listes à droite, cela fait un peu désordre. Et risqué. Le 21 janvier 1983, les instances supérieures départementales de l'UDF et du RPR organisent une entrevue entre les têtes de listes - ou leurs représentants, car Jacques Coupet ne s'y rend pas - pour tenter de les rapprocher. Sans succès. Rien n'y fera. Ni la pression des ténors nationaux, ni les interventions amicales par réseaux d'influence, ni les menaces d'exclusion d'un parti politique... On connaît la chanson : Jacques Coupet ne cède pas d'un pouce, Monique Grinard s'en va-t-en guerre.

Jacques Coupet conduit la liste «Union et opposition nationale, participation et réalisme économique et social». Monique Grinard est à la tête de «Vivre à Canet/ Saint-Nazaire». La gauche est en position de force, rassemblée et unie derrière Aimé Fusté dans sa liste intitulée «Canet/Saint-Nazaire avenir».

Les dés sont jetés. La campagne commence. Intimidations, défiances et provocations en tous genres sont le lot quotidien entre les listes de Jacques Coupet et de Monique Grinard. Des deux côtés, on se fait des procès d'intention, on se cherche des poux dans la tête devant les médias, on se regarde en chiens de faïence, on montre les dents, on se dresse sur ses arpions, prêt à voler dans les plumes et à rentrer dans le chou. Ou dans le mou.

A l'arrivée, il y a des bras cassés, des véhicules endommagés, des barres de fer qui atterrissent dans les jardins des candidats, des boîtes-aux-lettres incendiées, des courriers anonymes, des menaces de «faire sauter» les boutiques de certains commerçants qui se sont engagés... «*C'était chaud !*», résume un militant RPR.

La candidate Monique Grinard ne peut pratiquement plus tenir une réunion électorale sans qu'une (fausse) alerte à la bombe ne vienne faire évacuer la salle où elle et ses colistiers rencontrent la population : «*Cela devenait systématique, j'étais obligée de me lever pour rassurer les participants ; je leur disais «ne partaient pas, on ne bouge pas, c'est encore un mauvais coup de nos détracteurs pour m'empêcher de parler»...*

Il est grand temps maintenant que cela se termine.

Mais pas sans que Monique Grinard ne fasse un petit détour par la permanence électorale de l'un de ses opposants, Jacques Coupet, le maire sortant, dont l'immense banderole qui coiffe l'immeuble annonce que celui-ci est le candidat officiellement soutenu par l'UDF et le RPR. Trop, c'est trop ! Remontée, très remontée, Monique Grinard entre dans la permanence, interpelle, arrache quelques affichettes et tracts de propagande où figure le sigle du RPR aux côtés du visage de Jacques Coupet, puis s'insurge ouvertement : «*Vous n'avez pas honte ! C'est moi qui ai l'investiture du RPR ! Je ne suis pas entrée au RPR avec mon cul, moi ! J'ai des convictions...*». *Je ne me suis pas déculottée, je suis entrée dans la permanence de Coupet et j'ai fait mon scandale. Car moi j'avais adhéré au RPR bien avant Mme Franco et les autres, je n'étais pas passée par la case MRG après la victoire de la Gauche en mai 1981. J'étais une gaulliste historique...*». L'affaire fait grand bruit dans Landerneau et jette un peu plus d'huile sur le feu qui brûle entre les deux candidats.

Le 6 mars 1983 a lieu le premier tour des élections municipales.

La liste de Monique Grinard arrive en troisième et dernière position, avec 1 052 voix, contre 1 483 voix à Jacques Coupet et 1 153 voix à Aimé Fusté. La messe n'est pas dite pour autant. Il y a ballottage pour les 24 sièges à pourvoir sur Canet. Car les trois listes peuvent se maintenir pour le second tour.

Les listes de Monique Grinard et Jacques Coupet sont séparées par 431 voix en faveur du maire sortant.

Les tractations entre les deux camps se présentent mal. Car la haine est le seul chemin politique susceptible de les faire se rencontrer. Autant dire que cela semble impossible.

D'ailleurs, le 9 mars 1983, trois jours après le premier tour, Monique Grinard, qui a annoncé qu'elle et les siens se retiraient de la compétition, adresse le courrier suivant à Jacques Coupet...

*- «Monsieur,*

*Le 21 janvier 1983, faisant suite à une entrevue organisée par nos instances supérieures départementales réciproques, qui souhaitaient favoriser une liste d'union de l'Opposition nationale à Canet, j'ai transmis à votre représentant les bases d'accord qui avaient été débattues, soit :*

*Présentant votre tendance, le poste de maire, 5 adjoints sur les 8 revenant à Canet, 8 postes de conseillers municipaux ;*

*Pour la tendance que je représente, 3 adjoints dont l'ordre sur la liste serait 2, 6 et 7, et les postes de conseillers municipaux restant au nombre de 7.*

*Vous avez fait prévaloir la non agression dont vous souhaitiez bénéficier, pour laquelle, j'ai dû demander au nom de l'amitié dont ils m'entourent, à d'excellents et dévoués Canétois, que vous appelez «anti-Coupetistes primaires», de ne pas faire acte de candidature.*

*J'ai regretté, au nom de l'Opposition nationale, que ces bases n'aient pas retenu votre assentiment. Au contraire, vous avez usé d'une ingérence tenace et inopportune, pour que sous des pressions de tous genres, les instances nationales du RPR obligent à mon retrait pur et simple, sans contre-partie.*

*Toutes vos manœuvres ayant échoué, vous avez alors sans aucune rencontre préalable, fait parvenir simultanément aux instances RPR départementales et à la Commission des conflits UDF-RPR, une proposition :*

*Un tiers UDF / les vôtres,*

*Un tiers personnalités qualifiées / les vôtres,*

*Un tiers RPR / les vôtres ;*

*Où vouliez-vous en venir ?...*

*Je me permets de vous rappeler, que un tiers de vingt-quatre cela fait huit et que ma proposition du 21 janvier 1983, comprenait : 10 pour mes amis, 14 pour les vôtres.*

*A la clôture des inscriptions, la Commission ne vous avait pas encore suivi et nous restions sur votre refus du 21 janvier.*

*L'ambigüité de votre campagne allait jusqu'à utiliser des affiches au sigle RPR, récupérées en dehors du département pour créer la confusion et abuser l'électeur.*

*La moralité que je m'étais imposée a donné les résultats que l'on connait.*

*Restant fidèle à mon engagement de toujours et pour barrer la route à la majorité socialo-marxiste, j'étais prête dans la discipline unitaire à vous apporter mon concours, conformément aux accords signés par le président départemental de l'UDF et le secrétaire départemental du RPR.*

*Ces accords étant le reflet des accords nationaux.*

*A l'encontre de toute convenance, votre individualisme sectaire vous a poussé à m'écrire ce jour, une lettre injurieuse pour l'élue cantonale que je suis, et méprisante pour mes colistiers dont la moralité m'honore.*

*Croyez que mon esprit n'est pas à la polémique, mais à la tristesse, car je ne puis continuer à taire une vérité des faits que vous déformez allègrement.*

*Quoiqu'il arrive, tous les habitants du canton de la Côte-Radieuse et ceux de Canet/Saint-Nazaire tout particulièrement, peuvent compter sur mon entier dévouement.*

*Agréez, Monsieur, mes salutations distinguées».*

Cette lettre, Monique Grinard l'adressera également aux instances départementales et nationales de l'UDF et du RPR, ainsi qu'à ses colistiers.

Le dimanche 12 mars 1983, la liste menée par Jacques Coupet remporte les élections municipales de Canet/Saint-Nazaire.

# Le temps d'un mandat

Les élections municipales de Canet-en-Roussillon/ Saint-Nazaire, facilement remportées par le maire UDF sortant, Jacques Coupet, sont déjà loin derrière. Cette défaite n'a pas entamé ni le moral ni l'énergie de Monique Grinard, suffisamment occupée, le nez dans le guidon comme on dit en pareille circonstance, avec son mandat d'élue du Conseil général des Pyrénées-Orientales.

On l'a déjà signalé : dès son élection sur le canton de la Côte-Radieuse, elle a fait en sorte de cumuler le maximum de postes à responsabilités pour labourer le terrain.

C'est ainsi qu'à la fin de ce premier mandat (1982-88), elle est vice-présidente de l'Assemblée départementale, ce qui lui permet de participer à toutes les décisions du Bureau.

Rappelons-nous qu'au commencement de son mandat, elle s'affichait déjà : présidente de la Commission du Littoral, Ports et pêche... puis plus tard : administratrice du CEPRALMAR (1) à Montpellier, vice-présidente des HLM (elle siège à la Commission d'attribution des logements), vice-présidente du Comité départemental de tourisme (CDT), vice-présidente de la Commission régionale de la Démoustication, vice-présidente du Conservatoire du Littoral, présidente de l'Action économique, emploi, formation... Elle participe de fait au Syndicat mixte du Grand-Saint-Charles, au syndicat mixte Latitude 42, au Comité de développement économique dans l'examen de tous les dossiers des entreprises... Elle siège à la Commission départementale d'urbanisme... Elle effectue de nombreuses missions économiques, notamment à Bruxelles, pour défendre les dossiers importants des P-O auprès des instances communautaires compétentes...

---

*(1) CEPRALMAR : centre d'étude et de promotion des activités lagunaires et maritimes ; il est une émanation directe du Conseil régional. C'est une sorte de chambre des métiers de la mer, parce que au contact des réalités du terrain, à la charnière entre recherche et développement.*

Dès lors, on comprend mieux, pourquoi, initialement, la perspective d'être élue maire de Canet-en-Roussillon/ Saint-Nazaire ne l'enchantait guère. Elle avait d'ailleurs prévenu que si son équipe l'emportait, elle laisserait la place de maire pour n'être que simple conseillère municipale, tout en mettant à la disposition de ses «coco-boys» ses nombreuses connaissances et son incontestable expérience professionnelle.

L'année 1983 est aussi marquée, dans le canton de la Côte-Radieuse, par la séparation définitive entre les villages de Canet-en-Roussillon et Saint-Nazaire.

Le référendum organisé au mois de novembre donne une très large majorité aux partisans de l'indépendance de Saint-Nazaire.

Deux listes se présentaient. L'une - conduite par MM. Coronat, Daudiès et Vidal - regroupant le clan des «pour» le maintien de l'association avec Canet-en-Roussillon. L'autre liste, rassemblant le clan des opposants à la fusion, les «séparatistes» incarnés par MM. Casenobe, Chamma et Tanyères ; tous les trois donc très activement partisans du détachement territorial. Un seul bureau de vote était concerné. Celui de Saint-Nazaire. Le référendum en question visait à conduire ou à invalider la fusion opérée entre Saint-Nazaire et Canet-en-Roussillon à l'issue d'une délibération intervenue le 17 décembre 1971.

La consultation était close à 18 heures. A 19h30, les Nazairiennes et les Nazairiens étaient fixés sur leur sort : inscrits, 1 561 ; votants, 973 ; suffrages exprimés, 957 ; Liste pour la séparation, 653 ; Liste pour le maintien de l'association, 301...

Suite à cette consultation, le préfet des P-O signe, le 9 novembre 1983, un arrêté portant détachement de la partie de territoire de Saint-Nazaire de la commune de Canet-en-Roussillon en vue de son érection en commune distincte.

Dans la foulée, des élections municipales sont organisées, le 11 décembre 1983, afin d'élire un conseil municipal de 15 membres.

L'année 1983, enfin, est politiquement marquée dans les P-O par le scrutin des élections sénatoriales. Le 25 octobre 1983, Guy Malé, 53 ans, président du Conseil général, et Paul Alduy, 69 ans, maire de Perpignan et ancien député (de 1956 à 1981), font leur entrée dans la Haute-Assemblée.

Monique Grinard, elle, poursuit son ascension sur la scène

publique locale, prenant très à cœur ses nouvelles fonctions, parcourant tout le département sans la moindre hésitation. Dès son élection, c'est avec vigueur et passion qu'elle assume son rôle d'élue cantonale, mais aussi d'élue départementale au service de tous.

Elle va partout, acceptant même les missions impossibles que lui propose le patron du Conseil général, Guy Malé. Elle n'est pas dupe, elle sait que parfois on l'expédie dans des territoires, aux quatre coins du Roussillon, où les autres élus pestent à se rendre. Cela ne lui pose aucun problème, elle est toujours partante, même pour être une «volontaire désignée».

D'emblée, elle est entre de bonnes mains : Paul Alduy, maire de Perpignan, et Jacques Farran (1), puissant président de la Chambre de commerce et d'industrie (CCI) de Perpignan et des P-O, tous deux vice-présidents UDF du Conseil général, l'ont adopté ! En quelque sorte... Car quelquefois ils s'en amusent. Lors des repas officiels, ils la placent toujours entre eux. «*Tu vas nous écouter, tu vas nous suivre*», lui lancent-ils. Ils la promènent partout. Cela part toujours d'un bon sentiment.

D'ailleurs, Jacques Farran sera l'un des rares élus de l'Assemblée départementale à toujours l'associer aux cérémonies inaugurales. Il l'impose en particulier à chaque manifestation dans le vaste canton de la Côte-Radieuse, où tant à Canet-en-Roussillon qu'à Saint-Cyprien, des ambitions municipales naissantes à l'horizon du scrutin de 1989, donnent de plus en plus de fil à retordre à Monique Grinard qui est pourtant l'élue de ce canton.

Monique Grinard se souvient d'un Jacques Farran plein d'indulgence et de prévenance à son égard, toujours prêt à voler à son secours dans l'exercice de son mandat, habile et roublard, à la critique facile et redoutable, mais aussi un grand moqueur : «*Son truc, quand nous étions ensemble assis côte à côte à une tribune officielle, c'était de me piquer mes chaussures. J'avais l'habitude de*

---

*(1) Jacques Farran, né le 19 mars 1928 à Perpignan, décédé le 3 octobre 1999 à Neuilly-sur-Seine. Il a été président de la Chambre de Commerce et d'Industrie de Perpignan et des Pyrénées Orientales, de 1970 à 1991, député des Pyrénées-Orientales de 1976 à 1993, conseiller général de 1973 à 1992, conseiller municipal de la ville de Perpignan en 1977 puis adjoint de Paul Alduy de 1989 à1993.*

*me déchausser car les talons hauts ça n'a jamais été pour moi, je préférais être pieds nus. Comme les tables étaient toujours recouvertes de papier ou d'une nappe, on ne voyait jamais nos jambes et nos pieds, donc je me déchaussais. Et Farran en profitait pour me cacher mes souliers... Plusieurs fois, il est arrivé qu'on m'appelle pour aller prononcer quelques mots devant le micro, et plusieurs fois j'ai du y aller pieds nus !»*.

Sur son canton, Monique Grinard se préoccupe en priorité du réseau routier. Plus de 26 millions de Francs y seront investis pendant les six années de son premier mandat.

Rectification de virages (entre Saleilles et Cabestany), sur le chemin départemental (CD) 22 ; ponts sur la Fosseille ; déviation au nord de Saint-Cyprien ; traversée de Saint-Nazaire ; giratoires de Saint-Nazaire, Latour-Bas-Elne, du Mas Riols entre Saint-Cyprien et Argelès-plage, de Canet-village et Canet-plage... Monique Grinard s'est trouvée une nouvelle passion sous sa casquette d'élue : les routes. Car elle a immédiatement compris que ce domaine relève bien du quotidien des gens. Pour aller travailler, faire des courses, pratiquer un loisir : nombreux sont les Canétois et les habitants de Saint-Cyprien, dont les quartiers ne sont pas encore bien desservis par les transports en commun, à utiliser un réseau routier obsolète, défaillant et forcément dangereux par endroits, pour se rendre à la «capitale», Perpignan.

C'est le cas pour le fameux virage dit «virage des abricotiers», entre Perpignan et Canet-en-Roussillon par le CD 617. De trop nombreux accidents mortels s'y sont produits.

Monique Grinard va frapper un grand coup (de gueule) dans l'hémicycle départemental, afin que cet axe devienne prioritaire parmi les dossiers du Conseil général (et les communes concernées) relevant de la voirie. Son intervention est d'autant plus énergique et chargée d'émotions que la veille elle a appris que le fils d'amis venait de se tuer en voiture lors d'une sortie de route dans le virage des Abricotiers.

Elle est sur tous les chantiers routiers. Il arrive même qu'on la confonde, sous le casque qui ne quitte jamais la plage arrière de son auto (sauf bien sûr lors des visites sur le terrain), avec le personnel de la Direction Départementale de l'Equipement (DDE). Un jour, avec Jacques Farran (c'est elle qui est au volant), entre Perpignan et Canet-plage, sur une portion de route qui n'est pas encore ouverte à la circulation, on les surprend à près de 180 km/h ! Ils faisaient soi-disant des essais pour vérifier, entre autre, l'adhérence du goudron...

Les grands travaux hydrauliques vont également marquer ce premier mandat de Monique Grinard. En campagne électorale, elle avait admis qu'il fallait prendre le taureau par les cornes sur ce sujet cantonal particulièrement sensible.

C'est ainsi qu'elle s'occupe activement du calibrage du Réart inférieur, tant attendu par la population depuis de longues années.

Calibrage du Réart, intervention sur l'agouille de la Mar, financement pour partie du canal de la Roubene et du canal de las Barnedes à Latour-Bas-Elne, travaux (du périmètre en aval de Villeneuve-de-la-Raho) d'alimentation en eau du golf de Saint-Cyprien afin d'assurer la protection de la nappe phréatique : elle fait voter par l'Assemblée départementale d'importantes subventions (qui s'additionnent aux efforts des Communes, de l'Etat et de la Région) pour engager des chantiers gigantesques mais tous indispensables et, surtout, urgents.

Le souci permanent qui l'animait, c'était de mettre hors d'eau toute la zone littorale de son canton : «*J'ai tout fait pour éviter les inondations, car le risque était réel, et les agriculteurs s'en étaient inquiétés auprès de moi à plusieurs reprises, ainsi que les riverains des cours d'eau qui traversent le canton*».

Aménagement du réseau routier, prévention contre les risques d'inondation, défense des équipements publics qui relèvent de la compétence du Conseil général - attributions d'aides dans le secteur scolaire, pour la construction d'une maison de retraite, pour la création d'un pôle sanitaire, etc - madame le conseiller général s'illustre également dans les échanges économiques, principalement dans la promotion des produits du Roussillon où, non seulement elle excelle, mais où elle fait d'authentiques merveilles.

Celle que certains, à l'Assemblée départementale, auraient bien voulu voir se décourager, se démobiliser, baisser les bras, abandonner la partie cantonale, vont vite déchanter. A trop vouloir l'enquiquiner et l'affaiblir en l'envoyant au diable Vauvert en Cerdagne, sur les cimes en Capcir, dans le Fenouillèdes, aux fins fonds du Vallespir, ou encore dans des cargolades et des bullinades à répétition en Salanque, pour remettre d'interminables chapelets de médailles et des 1$^{er}$ Prix fleuris (!), ils vont s'y casser les dents. Au lieu de la dissuader et de lui faire rendre son tablier, bien au contraire ils contribuent à son épanouissement, à sa renommée et à sa popularité. L'incroyable talent de Monique version relations publiques, drapée dans son indémodable «j'ai osé !», fait un tabac partout où elle passe.

Premiers bénéficiaires de son enthousiasme : les vignerons du Roussillon. Et là, les anecdotes, les belles histoires, les gourmandises, s'enchaînent. Un vrai gueuleton pour l'esprit.

Un jour en Alsace, où elle se rend avec le docteur Louis Camo (conseiller général RPR du canton Perpignan VI/ Centre-ville), à la tête d'une délégation financée par le Conseil général des P-O, et dont le but est de promouvoir le Roussillon dans le cadre d'un salon spécialisé, elle va frapper un grand coup. Plusieurs rencontres sont prévues sur place avec des journalistes de la presse spécialisée, des tour-opérateurs et d'autres professionnels du tourisme. Ni une ni deux, la veille du départ pour Strasbourg, Monique Grinard prévient le docteur Camo qu'elle emmène avec elle des bouteilles de vins doux naturels, du muscat de rivesaltes, du banyuls et du maury : «*Ces vins s'accordent parfaitement avec le foie gras et les chocolats, c'est aussi bien que le sauternes*». Lorsque la délégation débarque en Alsace, Monique Grinard se débrouille pour que à chaque repas ne soient servis que des vins du Roussillon. Et elle réussit son pari.

- «*Je me souviens d'avoir été à Palavas, près de Montpellier, avec du personnel administratif du Conseil général. Nous avions une réunion et je les avais ensuite invités à manger dans un restaurant de Palavas, sur les quais. Je demande à l'apéritif qu'on me serve un banyuls et le barman me répond «on n'en a pas». Comment vous n'en avez pas ? Nous sommes à côté, c'est un vin de la région... Ecoutez, si cela ne vous dérange pas, je vais vous en faire livrer une ou deux caisses, vous l'offrirez gratuitement à votre clientèle, pour le faire connaitre, et on en reparlera. Comme ça, je suis sûre que vous m'en commanderez. Cela n'a pas raté ! En rentrant à Perpignan, j'ai acheté un carton de banyuls que j'ai fait livrer à Palavas, et par la suite je sais qu'ils en ont commandé à nouveau. C'est pas sorcier !*».

C'est là sa manière de faire la promotion des produits du Roussillon. «*Moi, je suis Catalane, je suis devenue Catalane, c'est mon pays !*», s'emporte-t-elle. «*Nous avons beaucoup d'atouts chez nous. Nous avons des sites merveilleux. Le problème, ici, est que les gens au lieu d'être d'accord ne font que se disputer et se faire concurrence. Je ne supporte pas ça. Nous avons l'arrière-pays superbe. Nous avons des vignobles de légende. On ne sait même pas vanter nos vins. Dans tous les banquets, ici, en règle générale on ne vous propose que du vin rouge et du vin blanc. Même au Conseil général, chez les socialistes, il n'y a pas de rosé. Je pensais pourtant que le rose était leur couleur préférée... Toute plaisanterie mise à part, il n'y a jamais, ou que très exceptionnellement, du rosé à la table du Département. C'est dommage. Je ne dis pas ça parce que c'est mon vin préféré - moi, j'annonce la couleur - mais, lorsque on vous sert du rosé et du blanc, c'est presque toujours dans des bouteilles foncées, sombres ; c'est nul !*».

Elle s'est battue, en vain, pour justement la création d'une bouteille typiquement catalane qui rendrait la production viticole roussillonnaise, une fois mise en bouteille, plus visible. «*Lisible ! Reconnaissable. Regardez les vins de Bordeaux ou de Bourgogne... On sait les reconnaître à table ou dans le commerce. On connait leurs formes. Cela signe la caractéristique d'un terroir, d'une appellation*». Elle a abandonné le combat. Pourtant, vingt ans plus loin, elle reste parmi les rares élu(e)s des Pyrénées-Orientales, du Languedoc-Roussillon, qui ont essayé de faire le maximum, avec le minimum de moyens, afin de donner aux vins de notre région une autre dimension sur les marchés (inter)nationaux.

Une autre fois, la scène se déroule à Perpignan, dans les couloirs de l'Hôtel du Département, quai Sadi Carnot, rive droite de la Basse... Les huissiers du Conseil général sont affairés à dispatcher les nombreux cartons de vins que les milieux viticoles et agricoles roussillonnais adressent aux élus pour les fêtes de fin d'année. C'est en tout cas une tradition à ce moment-là. Monique Grinard fait partie des récipiendaires. Le nouveau sous-préfet de l'arrondissement de Prades entre. Il a prévu de se présenter à certains services et hauts-fonctionnaires territoriaux de ce bâtiment voisin de l'immeuble qui abrite la Préfecture... «*Qu'est-ce que c'est que tout ce vin ?*», interroge-t-il, curieux. L'élue de la Côte-Radieuse, qui se trouve dans le hall d'accueil du Conseil général, lui destine alors en direct ses deux cartons de vins : «*Vous allez découvrir, monsieur le sous-préfet, le meilleur de ce département, sous le soleil exactement*».

Souvent, pour ne pas dire toujours, elle redistribue aux personnels du Conseil général, à ses employés ou à des familles dans le besoin, les cadeaux qu'elle reçoit. D'autant plus lorsqu'il s'agit de victuailles, de produits alimentaires : «*Moi, si je veux du vin, je peux me l'acheter*» ; alors, elle offre tout ce qu'on lui envoie.

Une salariée des services sociaux du Département se rappelle justement de ces lundis pendant lesquels l'élue recevait des familles déshéritées dans son bureau de l'Hôtel du Département : «*Il y en avait tellement, elle voulait les recevoir toutes, ou presque, alors on lui sélectionnait discrètement les cas les plus difficiles... Elle aidait ces familles pour obtenir un logement, pour rechercher un emploi, pour constituer un dossier afin d'obtenir une allocation... Il lui arrivait, je ne sais pas s'il faut le dire ?, de mettre la main à la poche afin que ces familles puissent boucler leur fin de mois...*».

A Noël, à Canet-en-Roussillon, pendant des années, Monique Grinard a remis à quatre familles plongées dans une immense détresse, un colis contenant une dinde, du café, du vin, du foie gras... Elle venait, tapait à leur porte, se présentait comme étant l'assistante sociale du secteur, discutait avec les parents et les enfants tout en déposant le colis : «*Je n'ai jamais osé dire que j'étais une élue, car je craignais de les vexer. Mais je sais que bien plus tard elles l'ont découvert... Quand je n'étais plus élue !*».

Ambassadrice des vins du Roussillon, des produits du Roussillon, Monique Grinard l'a été à plus d'un titre, mettant tout son savoir-faire et son réseau de connaissances à la disposition de l'Institution départementale.

- «*J'ai toujours dit que nous vivions dans l'un des plus beaux coins de France, au même titre que le Pays Basque et la Provence / Côte-d'Azur. Nous avons la mer, une heure après nous avons la montagne et ses stations de ski, nous avons une plaine superbe, nous avons des monuments historiques fabuleux... Nous avons le soleil. Nous sommes le territoire privilégié des fruits primeurs. Mais j'ai toujours dit aussi que tout ça nous ne savions pas l'exploiter. Parfois, cela en devenait désespérant, surtout quand les jalousies issues d'ambitions personnelles s'en mêlaient*».

Un jour, un habitant de Saint-Cyprien, le docteur Eulliot, originaire de Normandie, la contacte pour lui soumettre un projet : la création d'un hippodrome sur la Côte-Radieuse. Selon lui, toutes les conditions sont réunies, localement, pour que cette idée remporte un vif succès.

Il se propose d'accompagner Monique Grinard in-situ, c'est-à-dire faire la tournée des hippodromes de Basse-Normandie : Deauville-Clairefontaine, Trouville, Cherbourg, Granville, Lisieux,

---

*(1) SELCY : Syndicat pour l'Equipement du littoral de Saint Cyprien.*

Cabourg... Le périple est séduisant, et l'élue accepte.

Elle demande à Jean-Marie Galan, alors directeur de la SELCY [(1)], filiale de la Caisse des Dépôts et Consignations, d'être du voyage.

La SELCY, c'est la société d'économie mixte de Saint-Cyprien, jusqu'au début des années 90, dont le rôle est de concevoir (en plein accord avec la commune), le développement de la station, de l'exécuter, de le commercialiser et, partiellement, de gérer certains équipements associés. Avec la SELCY, l'objectif est de parvenir à positionner Saint-Cyprien en tête des stations touristiques du Languedoc-Roussillon. C'est là l'ambition clairement affichée par Jean-Marie Galan (il occupera ensuite le poste de directeur de la SEMER et de directeur de l'Action économique de l'Agglomération de Perpignan-Méditerranée, de 1985 à 2005, année où il prendra sa retraite à Saint-Cyprien). Dans les années 80, avec 700 ventes de logements à l'année, la station balnéaire Saint-Cyprien occupe le second rang régional derrière le Cap-d'Agde (Hérault). A la tête de la SELCY, Jean-Marie Galan lance sous l'égide de la municipalité Olibo le programme des Capellans avec pour objectif, d'éclipser certes le fiasco de Grand-Stade (le centre de tennis repris en main par la SELCY), mais surtout à terme de créer des équipements couvrant une superficie avoisinant les vingt-cinq hectares pour un investissement global chiffré à 440 millions de Francs (soit environ 67 millions d'euros). Jean-Marie Galan et son équipe misent sur des produits touristiques intégrés afin de doubler le rythme de la station et celui de la fréquentation étrangère. Car à ce moment-là la saison se révèle sans conteste trop courte à Saint-Cyprien : 87% des séjours s'échelonnent entre le 1er juin et le 30 septembre.

En s'entourant des compétences de Jean-Marie Galan, Monique Grinard prouve qu'elle veut encore une fois frapper un grand coup. Elle veut aboutir à la concrétisation de ce projet, la création d'un hippodrome sur la Côte-Radieuse, à Saint-Cyprien ou à Canet-en-Roussillon, voire à cheval sur les deux communes comme pour le golf : «*Nous avons vu à plusieurs reprises M. Eulliot, il nous a convaincus puisque nous sommes allés jusqu'en Normandie pour plonger dans l'ambiance des courses hippiques. Je suis montée à Paris, pour y rencontrer les responsables du PMU. Et, en faisant le siège de leur bureau, en leur démontrant grâce à M. Eulliot et au travail de Jean-Marie Galan que nous pouvions avoir un hippodrome à Saint-Cyprien, j'ai réussi à obtenir quatre courses annuelles sur le calendrier du PMU. Avec ces promesses, je reviens ici. Je vais voir d'abord Olibo, puis Coupet, respectivement maires de Saint-Cyprien et de Canet, je leur ouvre le dossier, je leur montre une première ébauche des plans... Et je sollicite leur avis. Vous savez ce qu'ils m'ont répondu. L'un comme l'autre : «Cela va nous apporter la racaille». Aucune suite ne sera donnée. Terminé, circulez, il n'y a plus rien à voir. Alors que nous leur apportions tout sur un plateau d'argent».*

Une autre fois, c'est avec le coureur et champion automobile Jean-Pierre Beltoise que l'anecdote vaut le détour. Alain Marti, passionné d'automobile - ce jeune chef d'entreprise (il est alors à peine âgé de 35 ans) et directeur de sociétés, à l'allure sportive et au physique de séducteur, roule en Ferrari bleue - est, comme Monique Grinard, entré au Conseil général des P-O le 21 mars 1982 (élu sur le canton Perpignan IX/Bas-Vernet), avec la même étiquette politique, RPR.

Tous les deux s'entendent très bien. Tous les deux ont des projets plein la tête pour le développement économique du département. Restent à trouver, au sein de l'hémicycle départemental, les bonnes volontés susceptibles de leur mettre le pied à l'étrier pour convaincre l'Assemblée de les entendre. Et surtout de les suivre. Ce qui n'est pas gagné d'avance.

Leur projet commun : monter sur le territoire de la commune de Rivesaltes ou en Salanque un circuit automobile. Les circuits les plus proches sont situés, pour le sud-ouest de la France, à Albi (département du Tarn), Pau-Arnos (Pyrénées-Atlantiques), ou encore Nogaro (Gers).

Le choix de Rivesaltes repose sur le fait que cette commune a de grands espaces disponibles et qu'elle se situe à proximité, voire au cœur de voies de communication stratégiques : aéroport, autoroute, gare ferroviaire, route nationale.

Pour cela, ils ont contacté le champion automobile Jean-Pierre Beltoise. Pilote de Formule 1, Jean-Pierre Beltoise est le symbole du renouveau du sport automobile français, avec 86 Grand-Prix F1 courus (dont sa célèbre victoire en 1972 sur le plus prestigieux des circuits internationaux, Monaco). Alain Marti et Monique Grinard le reçoivent à plusieurs reprises. D'éventuels investisseurs se sont déjà manifestés. Le projet tient la route, sans jeu de mot.

Et pourtant, ce projet également ne verra jamais le jour. C'est au niveau des collectivités, locales et territoriales, que ça coince.

Même regrettable insuccès : «*On nous a répondu que c'était ringard, que personne n'en voudrait*». Aujourd'hui, Rivesaltes a quand même son circuit : une piste de karting.

- «*Les gens d'ici ont été trop gâtés*», fulmine Monique Grinard en rongeant son frein. «*Ils n'ont jamais quitté le département. C'est en tout cas l'impression que j'en tire. Moi, gamine, mon père nous emmenait partout, en randonnée dans les Pyrénées, sur les plages de l'Atlantique, dans les fêtes de Bayonne et du Pays Basque... C'est comme ça, en voyageant, que les idées viennent, parce qu'on peut comparer, parce qu'on rencontre des gens, des situations, des vécus*».

Un autre jour, le président du Conseil général l'avait délégué pour accueillir, au nom de l'Assemblée départementale, une délégation d'élus et de patrons japonais.

Pendant tout le séjour, c'est Monique Grinard qui leur sert de guide. Elle et... elle seule. Elle les prend en charge depuis leur réveil jusqu'au coucher. Elle leur fait visiter tout le département. Certainement au pas de charge, mais au moins ils ne manquent rien de notre beau Roussillon. Un repas était programmé au restaurant-hôtel «Château de Riell», sur les hauteurs de Molitg-les-Bains.

- «*Au détour d'une conversation, je ne sais pas comment cela est arrivé sur la table, je leur ai demandé comment faisaient-ils, chez eux, pour se débarrasser des déchets. En France, c'est un sujet qui commençait à alimenter les débats, au Conseil général c'était pour nous une préoccupation grandissante. Et je dois avouer qu'à cette époque-là nous avions peu d'idées sur le sujet, la réflexion patinait. Donc, j'en parle avec les Japonais. D'autant qu'eux, ils vivent sur une île, qui plus est surpeuplée, qui plus est très industrialisée... Cela m'intéressait de savoir. Et ils m'ont tout expliqué, dans les moindres détails, jusqu'à 2 heures du matin. J'ai appris qu'ils coulaient une grande partie de leurs déchets, domestiques et industriels, avec du béton et d'autres matériaux, et que cela leur servait ensuite dans la construction d'infrastructures. Comme pour la réalisation de dalles pour des ports, des aéroports, des autoroutes. C'était passionnant. J'étais fière de moi, car je venais d'apprendre quelque chose. Quelques jours plus tard, cette délégation japonaise repartie au pays, lors d'une session du Conseil général, pendant laquelle en plus il était question de l'élimination de nos déchets dans le futur, j'interviens sur le sujet. Contente de moi de pouvoir apporter une pierre à l'édifice. Et je commence à m'exprimer, à raconter ce que les élus et patrons japonais m'avaient expliqué... Mais voilà, personne ne m'écoutait, ça leur passait allègrement au-dessus de la tête. Je me suis rassise et basta !*».

Le temps du mandat s'écoule, au rythme d'un calendrier politique surchargé. Maintenant, c'est sûr, dans la vie de Monique Grinard la politique a pris le dessus sur la cueillette des abricots et des pêches dans sa propriété de La Palmère, sur sa vie de famille, sur son entreprise, avec tous les risques que cela comporte. L'élue domine la femme sur tous les fronts. La charge est devenue une passion. A moins que ce ne soit l'inverse ?

Certes, elle ne fait pas partie de cette clique aux dents longues qui raye les parquets, et c'est tant mieux ainsi, mais, inconsciemment peut-être, elle est devenue «accro» à la politique. Lentement, mais sûrement, Monique Grinard s'installe dans une candidature à sa propre succession sur le canton de la Côte-Radieuse.

Les prochaines élections cantonales qui la concernent auront lieu les 25 septembre et 2 octobre 1988. Elle s'y prépare. Avec ses «coco-boys», à l'occasion de retrouvailles festives, ils commencent à élaborer un programme, des tracts. Son slogan, ce sera : «*Une femme, un canton, un département... Tous ensemble pour notre canton fort et dynamique*». Elle couche sur un bristol quelques lignes directives ronflantes comme : «*C'est avec énergie et passion que j'ai assumé mon rôle d'élue...*» ; «*J'ai mis dans le cadre de mon mandat ma disponibilité et ma compétence de gestionnaire au service des communes...*» ; «*Parce que j'ai appris à connaître, à aimer ce secteur de la Côte-Radieuse je veux demain avec encore plus d'opiniâtreté y consacrer mon énergie pour présenter et défendre les projets qui sont à même de le promouvoir...*» ; «*Je n'évoquerais ni chiffre, ni promesse mais une seule affirmation : demain réélue j'écouterai, ensuite j'agirai comme je l'ai toujours fait...*».

Elle sait aussi que dans cette nouvelle aventure électorale qui se rapproche, elle pourra compter sur les soutiens des fédérations départementales du RPR et l'UDF. L'union lui est acquise. Elle en aura bien besoin dans un canton où la menace qui se profile ne vient pas de la gauche, mais de l'extrême-droite, avec un Front National (FN) au plus haut dans les sondages. Ainsi que dans les conversations des «Cafés du Commerce» sur la Côte-Radieuse.

En attendant, Monique Grinard se laisse aller aux confidences.

A 62 ans, nous sommes dans sa propriété de La Palmère, à Oms, pendant l'été 1987, elle s'interroge sur sa vie privée : mère de trois enfants (âgés maintenant de 41, 40 et 37 ans), quatre fois grand'mère, à la tête depuis 1982 de l'un des cantons les plus peuplés du département (avec environ 18 000 habitants, même s'il a perdu en 1985 la commune de Cabestany à l'issue d'un remodelage électoral), conseil fiscal et juridique, vice-présidente de l'Association départementale des veuves civiles (plus de 600 adhérentes), Monique Grinard cumule les responsabilités et les fonctions.

A ce rythme là, elle craint de regretter un jour «*de méconnaître mes petits-enfants pour ne pas avoir pris le temps de les voir grandir*». Mais c'est bien là son unique regret, car à part cela elle dit être «*très optimiste et avoir bon caractère... Vraiment, je n'ai jamais eu à me plaindre de regrets dans ma vie. Depuis la mort de mon mari, je suis devenue très fataliste. Par ailleurs, je suis très modeste, je me contente d'une pomme de terre et d'un hareng*».

Elle va trop vite dans tout. Elle monte au créneau pour un oui ou pour un non. Mais il n'y a jamais la moindre agressivité dans ses emportements, dans ses choix, dans ses réactions : «*Je suis incapable de jeter une malédiction à quiconque, n'ayant fait que du bien. Que j'aime ou que je n'aime pas me regarde personnellement*», se défend-t-elle lorsqu'on lui prête des propos, soi-disant tenus lors d'une conversation privée, au sujet d'un autre élu. «*C'est faux ! Totalement faux ! Ceux qui me connaissent savent très bien que quand j'ai quelque chose à dire je le dis en face. On me le reproche d'ailleurs assez*».

Lunettc (de vue) Cartier sur le nez, cigarettes Gitanes (filtre exclusivement) entre les lèvres, elle se lève pour aller vérifier un plat en cuisine. Car elle est de surcroît une excellente cuisinière. Un authentique cordon bleu. C'est l'un de ses dadas. Comme l'automobile. Elle parcourt 30 000 kilomètres par an au volant de sa voiture, uniquement pour son «job», comme elle dit. Au passage, elle ne dédaigne pas la vitesse, son seul luxe. Elle est du genre «vroum-vroum». Ou «boum-boum». Très vivante, fonceuse au sens propre comme au sens figuré ; dans sa jeunesse on l'a souvent surprise en train de piloter lors de rallyes automobiles : «*C'est fou ce que je me suis éclatée, amusée*». Dès qu'elle ne voit pas un képi sur la route, et après bien sûr s'être entourée de toutes les précautions de sécurité, elle ne peut s'empêcher de «tirer» sur les 11 chevaux de sa Lancia sportive. «*Elle et moi sommes inséparables*».

Dans l'inventaire de ses passions, on peut également ajouter la natation, la marche à pieds et le vélo. Avant d'être élue, elle parcourait à bicyclette tous les samedis matins, une cinquantaine de kilomètres entre Perpignan, Argelès-sur-Mer et Saint-Laurent-de-la-Salanque.

Enfin, c'est l'époque où elle ne dort que quatre heures par nuit. Et jamais dans son lit ! Elle s'impose «*toujours un canapé car ainsi je dors mal et je me réveille donc assez rapidement pour me remettre au boulot*».

Elle est un cas, sur l'échiquier politique départemental. Et elle le sait. «*Je navigue pour les défis, car il suffit qu'on me mette un défi sous le nez pour qu'immédiatement j'entre en course pour le relever*».

Elle a la tête bourrée d'énergies, d'ambitions, d'idées, de volonté. Et de coups de gueule. Tout le monde a encore en mémoire sa récente intervention dans l'hémicycle départemental, lors d'une session qui devait être pourtant bien ordinaire. Elle est montée à la tribune du Conseil général des P-O, avec carte et photos à l'appui, pour prouver que les derniers caprices de la météo avaient eu des effets désastreux sur les berges du Réart, où d'énormes brèches sont apparues suite aux inondations. «*Cela fait une casse de 90 millions !*», a-t-elle hurlé devant ses collègues élus, «*une casse que les syndicats ne peuvent bien sûr pas assumer*». Elle appela donc le conseil général à l'aide. Elle fut entendue.

Bref, elle est inévitable. Incontournable. Inimitable. Et qu'importe même si, chez ses «amis» du RPR, on l'appelle «*la mule*»... Elle assume. Mieux, elle dit que «*c'est très bien ainsi. Je résiste, donc j'existe !*». Elle reconnaît qu'il lui arrive souvent «*de rouspéter comme une voleuse... J'ai toujours été comme ça, avec un tempérament de garçon. J'ai été scout, meneuse à l'école, je ne suis pas féminine. Le seul moment où j'accepte de me laisser marcher sur les pieds, c'est devant les photographes, lorsque certains de mes collègues élus se disputent et se bousculent - bien sûr que cela existe ! - pour être bien placés sur la photo. Moi, dans ces moments-là, lors des inaugurations, je me sens plus à l'aise dans l'anonymat de la foule, parmi la population*».

Depuis 1982, elle y a pris goût, à la politique. «*Je suis passée, et je me suis passionnée. Les trois premières années ont été difficiles, car j'ai navigué à vue, entre l'incompétence et l'inexpérience, dans un milieu où personne ne vous aide*». D'où, ces coups de gueule récurrents, qui lui permettent de revendiquer : «*Je fais la mienne de politique !*».

Cela ne l'empêche pas d'aller jusqu'au Maroc et dans les Antilles françaises pour défendre les couleurs de son département, les Pyrénées-Orientales. Catalane avant-tout, qu'elle est devenue. Même si c'est à Cognac, qu'elle est née, et qu'elle a encore la nostalgie de cette mer qui remue, qui «déménage», du côté de La Rochelle.

## 1987. Guy Malé est mort

Un tragique événement va toutefois perturber la fin du premier mandat de Monique Grinard.

Dans la nuit du 2 au 3 décembre 1987, elle est réveillée par un appel téléphonique à 4heures du matin.

A l'autre bout du fil, son ami M. Masdevail, intendant du Sénat, originaire du Vallespir, lui apprend la mauvaise nouvelle : Guy Malé est mort ! Il est décédé dans la nuit, vers 1heure du matin, foudroyé par une crise cardiaque, alors qu'il venait d'assister, jusqu'à une heure avancée de la nuit, à une séance au Sénat.

Monique Grinard est effondrée. Sous le choc. Tellement elle et lui étaient proches. Elle n'a jamais caché son admiration pour l'homme.

Elle l'a toujours défendu, soutenu. Dans les moments qui semblaient évidents comme dans les situations complexes, périlleuses. Parce qu'elle n'a jamais oublié qu'il lui avait offert ses premiers postes à responsabilité, même si, à ses débuts en tant qu'élue, elle a parfois dû se battre, élever la voix, changer de ton, couper la parole, pour s'imposer. Mais très vite, entre eux, s'est établie une complicité peu banale, un climat de «confidences pour confidences» en quelque sorte, une relation purement amicale et sincère.

Par exemple, lorsque Arlette Franco n'a de cesse, usant de sa fonction de premier adjoint de la Ville de Canet-en-Roussillon, que de chercher des poux dans la tête de Monique Grinard, c'est Guy Malé qui interviendra directement pour calmer le jeu entre elles.

C'est une période où Guy Malé a une certaine proximité, pour ne pas écrire une proximité certaine, avec Arlette Franco.

Un jour, à Latour-Bas-Elne, à l'occasion d'une réunion cantonale, il s'inquiète auprès de Monique Grinard de cette guéguerre stupide qui empoisonne leurs relations. Monique Grinard stoppe net la conversation : «*Moi ?, je n'ai rien contre elle. En revanche, elle, elle n'en finit pas de me chercher des noises. Elle me boycotte de toutes les réceptions officielles canétoises, je ne suis jamais invitée... Si elle pense qu'elle va réussir à me déstabiliser en agissant ainsi, elle se trompe lourdement. Pour tout te dire, cela m'amuse maintenant. C'est tellement gros... Je te le répète, je n'ai rien contre elle, c'est elle qui m'en fait baver. Pourquoi ?... Elle seule le sait*».

Guy Malé ne l'entend pas de la même oreille. D'ailleurs, parfaitement au courant de ces turbulences entre les deux élues, il a eu l'occasion de s'en entretenir à plusieurs reprises avec Arlette Franco. Cette dernière aurait accepté l'idée d'une pause apéritive pour tout (re)mettre à plat.

C'est donc en médiateur que Guy Malé invite Monique Grinard à venir prendre l'apéritif chez Arlette Franco, dans sa villa, boulevard Cassanyes à Canet-plage.

Monique Grinard raconte la scène : «*Nous allons donc chez elle. Elle m'accueille fort sympathiquement en me disant : «Je vous ai invité à prendre l'apéritif pour faire la paix». Elle me sert du champagne, en précisant : «Je sais que vous l'aimez, c'est pour cela que j'ai ouvert une bouteille». Et je lui réponds : «Et comment que je l'aime, moi je suis une poule de luxe !». Et j'ai éclaté de rire en levant ma coupe... Par la suite, bien entendu, elle a continué à me persécuter. Elle a tout fait contre moi et je n'ai jamais ni compris ni su pourquoi ?*».

L'annonce de la mort de Guy Malé provoque un véritable coup de tonnerre dans le ciel roussillonnais.

- «*Avec lui, le département des Pyrénées-Orientales perd un leader politique qui, par sa compétence et ses qualités humaines, était unanimement reconnu et estimé*», titre le lendemain à sa une Midi Libre, le quotidien régional d'information du Languedoc-Roussillon-Rouergue, imprimé à Saint-Jean-de-Védas, dans la banlieue de Montpellier.

Né le 1er juillet 1930 à Rigarda, dans le canton de Vinça (P-O), Guy Malé, venu tardivement sur l'avant-scène de la politique, avait connu une ascension fulgurante : maire de Bolquère en 1977, président du Conseil général en 1982, il avait été élu maire de Prades et sénateur en 1983.

Du Parti socialiste à l'UDF, l'hommage de la classe politique locale est unanime. La disparition de Guy Malé laisse un grand vide sur la scène politique départementale.

Le docteur René Marquès, conseiller général et maire UDF de Saint-Laurent-de-la-Salanque, en tant que premier vice-président du Conseil général assure l'intérim, tandis qu'André Daugnac, suppléant du défunt, conseiller général du canton de Millas et maire UDF du

Soler, le remplace au Sénat.

- «*La carrière politique de Guy Malé fut exceptionnellement brillante, et enregistrée comme telle dans les appareils de partis, où l'on ne se doutait pas, vers les années 60 et 70, quand il n'était qu'un modeste élu communal, puis le représentant d'un canton de montagne, qu'il accèderait à la notoriété acquise par la suite. C'était oublier qu'il était travailleur, obstiné, pragmatique, c'était oublier que le tout-puissant sénateur Grégory l'avait pris sous son aile, l'initiant à la stratégie du pouvoir, à l'étude des dossiers épineux, à la psychologie des groupes (...)*», écrit Jean Thiéry dans les pages locales de l'édition catalane de Midi Libre.

Restant «*un peu de gauche*» tout en optant enfin pour la droite centriste, Guy Malé - par-delà les polémiques épidémiques et ponctuelles - était apprécié pour ce côté «Rad'Soc» qui permettait à la gauche et à la droite de s'y retrouver, comme on dit, de «vivre ensemble» quelque part.

Les réactions au décès de Guy Malé sont nombreuses : «*Prades pleure son maire, un élu du terroir*», titre le journal de Perpignan, L'Indépendant du Midi. «*Car, plus que le premier magistrat d'une commune, c'est un ami que les Pradéens ont perdu et si, de toutes parts, le même hommage est rendu au gestionnaire avisé, bien davantage qu'au politique qui avait su se placer et jouer admirablement le rôle de rassembleur dans la seule perspective de l'efficacité, c'est surtout l'homme que l'on regrette en Conflent plus qu'ailleurs, tout simplement parce qu'ici, il se trouvait «en famille» comme il se plaisait à le remarquer (...)*».

René Marquès se dit «*sentimentalement traumatisé par cette disparition (...). Malé, il avait cela de formidable de savoir dépasser les antagonismes, d'arrondir les angles, et de travailler énormément (...)*».

Claude Barate, député RPR et premier adjoint de la Ville de Perpignan, déclare, très affecté lui aussi : «*Je suis d'une grande tristesse. Le département vient de perdre un homme qui avait su parfaitement assurer une succession difficile, celle de Léon Grégory. Il avait lancé la Décentralisation avec fermeté et rigueur (...). Personnellement, je perds un ami, il y avait entre nous une grande communion de pensée*».

Le matin du 3 novembre 1987, à l'Hôtel du Département, à Perpignan, où s'active déjà René Marquès, c'est l'affliction, la consternation. Des employés du Conseil général pleurent, des élus ont la voix brisée par l'émotion... Aucune note discordante parmi les propos que l'on tient.

C'est d'abord son collègue Joseph Calvet, conseiller général divers-droite de Saillagouse, qui dit : «*On nous appelait les deux frères de la montagne. Notre confiance était mutuelle, indestructible. Nous nous aimions, beaucoup l'aimaient, car il n'était pas sectaire du tout, il excellait à apaiser les conflits*».

C'est ensuite Jean Lannelongue, conseiller général divers-droite de Prades, d'ajouter au nom des maires des P-O : «*Il était populaire, proche des hommes, il était à l'écoute de toutes les communes. Les élus le regretteront unanimement*».

Même tonalité dans les propos de Joseph Albert, un ancien du Parti communiste français, conseiller général de Saint-Laurent-de-Cerdans, qui appartient au groupe de gauche du Conseil général : «*C'était un homme nuancé, sans sectarisme. Ce sont des gens comme cela qu'il faut pour piloter des assemblées complexes comme les nôtres. L'autoritarisme, la violence ne payent pas*».

Les obsèques de Guy Malé ont lieu le samedi 5 décembre 1987, à Prades, puis il est enterré à Banyuls-dels-Aspres, dans le caveau familial où son père a déjà été inhumé.

- «*Guy Malé est mort, c'est la seule peine qu'il nous ait faite*», dira le père Palau, visiblement très ému.

La foule est immense, les personnalités nombreuses à s'être déplacées pour cet ultime hommage à Guy Malé, rendu au cœur d'une cérémonie religieuse célébrée en l'église de Prades par l'archevêque de Perpignan, Jean Chabert, l'archiprêtre de Prades, Jean Palau, et le père supérieur de Saint-Michel-de-Cuxa.

Parmi les personnalités présentes : Camille Cabana, le ministre chargé des Réformes administratives et des Rapatriés, qui représente le gouvernement de Jacques Chirac, Daniel Hoeffel, ancien ministre, président du Groupe centriste à la Haute-Assemblée et représentant le président du Sénat (Alain Poher), Paul Alduy, sénateur-maire de Perpignan, Jacques Farran, député et président de la Chambre de commerce et d'industrie (CCI) de Perpignan et des P-O, Renée Soum, députée des P-O, Claude Barate, député des P-O, et le député-maire de Montpellier, Georges Frêche.

Aux lendemains des funérailles, une question brûle toutes les lèvres : «*A partir de cet instant, comment combler le vide laissé par Guy Malé ?*».

Le lundi 7 décembre 1987, l'ensemble des états-majors

politiques présents à l'Assemblée départementale, se réunissent, chacun séparément, afin d'établir leur stratégie pour les élections cantonales partielles de Prades et... de Millas !

En effet, le décès du regretté président du Conseil général des P-O, Guy Malé, également sénateur-maire de Prades, entraîne le renouvellement de deux cantons. Celui de Prades d'abord, le sénateur-maire de cette sous-Préfecture occupait la fonction de conseiller général ; celui de Millas ensuite, parce que en succédant au sénateur, le suppléant André Daugnac, qui est aussi conseiller régional, abandonne son siège de conseiller général de Millas, et ce à cause de la nouvelle loi portant sur le cumul des mandats.

La disparition du président du Conseil général des P-O entraîne une cascade d'élections locales. C'est ainsi que le 15 décembre 1987, Marcel Mulcio, premier adjoint de feu Guy Malé, est logiquement installé dans le fauteuil de maire de Prades, avec 25 voix sur les 28 suffrages exprimés au sein du conseil municipal. L'ensemble du groupe majoritaire a donc fait bloc autour de la candidature de Marcel Mulcio : «*C'était à l'évidence la voix de la sagesse et la seule condition de réussite*», légendent les chroniqueurs politiques.

Alors que le docteur René Marquès s'installe dans son nouveau costume de président du Conseil général des P-O par intérim, les premières rumeurs se font jour, le 21 décembre 1987, d'une possible candidature du docteur Paul Blanc à la succession de Guy Malé.

Le Département des P-O serait-il malade à ce point, pour être le théâtre d'une lutte fratricide entre toubibs désireux d'en prendre le contrôle ?

Le 30 décembre 1987, à l'issue d'une réunion de son Bureau départemental, l'UDF des P-O décide d'accorder son investiture à Jean-Luc Malé, fils de feu le sénateur Guy Malé, sur le canton de Prades, et à Henri Dabat, sur le canton de Millas. C'est René Marquès qui dans un communiqué dévoile la décision de l'UDF départementale, et ce alors que, sur le canton de Prades, les états-majors parisiens avaient donné leur appui au «Barriste» (1) Paul Estienne...

---

*(1) «Barriste», du nom de l'ancien Premier ministre Raymond Barre né le 12 avril 1924 à Saint-Denis (La Réunion) et décédé le 25 août 2007 à Paris. Economiste et homme politique français, il fut Premier ministre de 1976 à 1981, sous la présidence de Valéry Giscard-d'Estaing et maire de Lyon de 1995 à 2001 ainsi que député du Rhône de 1981 jusqu'en 2002.*

Et que le mouvement gaulliste, le RPR, n'a toujours pas fait connaître son avis.

Dans cette opération, les observateurs politiques notent que René Marquès vient de marquer un point. Qu'il vient de prendre du galon. Car c'est lui qui annonce très officiellement l'investiture de l'UDF pour le candidat Jean-Luc Malé, alors que tout le monde attendait la décision de Jacques Farran et Michel Berdaguer, les patrons de la fédération départementale UDF des P-O. A l'évidence, ces derniers ont été pris de court.

Le nouveau préfet, Roger Gros, a maintenant fixé les dates du scrutin pour ces cantonales partielles : 31 janvier, pour le premier tour, et 7 février 1988, pour un second tour.

Le 7 janvier 1988, le Conseil général rend hommage à son président : *«Guy Malé disait, il nous faut travailler tous ensemble, au coude à coude, et au cœur à cœur»*.

Certains, dans l'hémicycle, en sont pour leurs frais, car, à l'approche de tant de consultations électorales - se profilent également l'élection présidentielle, au printemps, puis le renouvellement pour un tiers de l'Assemblée départementale, à l'automne... - les turbulences politiques agitent le département.

Le 9 janvier 1988, la députée socialiste Renée Soum annonce qu'elle est candidate sur le canton de Prades. Depuis le redécoupage des cantons de la Côte Radieuse et de Perpignan III, pour la création du canton Perpignan III/ Cabestany, et sa défaite face à Michel Berdaguer, la parlementaire PS, de par ailleurs conseillère municipale à Perpignan, n'a plus d'assise départementale. Les socialistes roussillonnais ont décidé d'envoyer leur «poids-lourd» de la politique régionale à la bataille. Car Renée Soum, c'est tout un symbole en Languedoc-Roussillon. Depuis la fameuse vague rose de 1981 qui a déferlé dans l'hémicycle de l'Assemblée nationale, elle est une sorte d'héroïne, pour avoir réalisé l'impensable, l'inimaginable : faire plier la citadelle «Alduyiste» ; elle est la «tombeuse» de Paul Alduy aux législatives de 1981. Rien que ça ! Louis Mermaz et Pierre Joxe descendront à Prades pour l'épauler dans sa campagne.

Michel Berdaguer, président départemental de l'UDF, confie aux médias : *«D'un canton à l'autre, Mme Soum cherche à s'implanter pour entrer, coûte que coûte, dans l'Assemblée départementale. Cela n'est pas très sérieux, et les Pradéens, j'en suis convaincu, n'en seront pas dupes (...)»*.

Le 14 janvier 1988, salle Arago de l'Hôtel-de-Ville de

Perpignan, place de la Loge, Jean-Claude Gaudin, député des Bouches-du-Rhône et président du Groupe UDF à l'Assemblée nationale, fait carton plein : un millier de personnes s'entassent pour écouter celui qui, comme d'autres, s'est lancé dans un tour de France pour soutenir le candidat Raymond Barre dans la course à l'Elysée. Au passage, il en profite pour inviter les «Barristes» Henri Dabat et Jean-Luc Malé, engagés dans les cantonales partielles de Millas et Prades, à foncer, à se battre avec enthousiasme : «*Allez-y ! Vous prenez des héritages illustres (...)*». Et Jacques Farran de s'emporter : «*L'important est de combattre les candidats socialo-marxistes*».

Le lendemain, vendredi 15 janvier 1988, en soirée, c'est le RPR qui prend le relais dans la salle Arago. Les gaullistes sont aussi nombreux que les «Barristes», mais le cœur n'y est pas. Loin s'en faut. Pourtant, tous les barons du gaullisme départemental sont là, à la tribune, assis aux côtés de la relève. Il y a : Marie-Cécile Pons, adjoint au maire de Perpignan, Aimé Fa, président d'une puissante fédération départementale du RPR (puisqu'elle aligne quelque 2 600 adhérents), Paul Blanc, Alain Marti, le couple Françoise et Claude Barate, Jean Rède, Jean-Jacques Vila... Et Monique Grinard, qui se lève pour mieux haranguer le public : «*Nous avons des alliés. Cherchons des idées pour s'unir et se mobiliser. Jacques Chirac a démissionné d'un gouvernement qui a installé les socialistes (...). Et ça, il faudra s'en souvenir ! Pour la petite histoire, rappelons que ce gouvernement-là avait été mis en place par Valéry Giscard d'Estaing... Et poursuivi dans l'accomplissement de sa tâche par Raymond Barre. Alors, où sont les alliés du RPR ?*».

Elle est chaleureusement applaudie. Mais le déclic n'est pas suffisant pour réveiller les militants. A la tribune, les leaders gaullistes se succèdent pour tenter de vaines explications : «*Si nous n'avons pas de candidat, à Prades comme à Millas, c'est à cause d'une discipline unitaire*».

Claude Barate n'arrive pas à convaincre l'auditoire. Les sympathisants RPR sont frustrés. Pour ne pas dire : particulièrement remontés. Ecœurés.

Les bruyantes et assassines petites phrases se multiplient. Bienvenue dans la campagne électorale ! Pour un peu, la disparition, le 20 janvier 1988, à l'âge de 87 ans, du sénateur Sylvain Maillols, passerait presque inaperçue. Ancien maire de Corbère, de 1928 à 1983 (avec une interruption pendant la période de Vichy car le gouvernement le révoquera), conseiller général de 1951 à 1976 (il laissera sa place à André Daugnac), président de la très influente Commission départementale de 1967 à 1976, c'est le 20 février 1981, à la mort de Gaston Pams, que Sylvain Maillols devient sénateur. Il siègera au Palais du Luxembourg jusqu'en 1983. C'est René Marquès qui prononce le discours d'adieu.

C'est toujours dans ce climat très agité que Jacques Coupet, maire UDF de Canet-en-Roussillon, annonce qu'il votera Raymond Barre à l'élection présidentielle. Et, surtout, qu'il sera candidat aux élections cantonales dont le premier tour est fixé au 25 septembre 1988, dans son canton de la Côte-Radieuse, actuellement détenu par Monique Grinard, RPR, qui se représentera *«de toutes mes forces et avec mon bilan, pour briguer un second mandat»*. Les retrouvailles entre les deux élus, qui s'étaient déjà affrontés lors des municipales de 1983, s'annoncent joyeuses... et pimentées

En attendant, pour ce qui est du premier tour des élections cantonales partielles à Prades et Millas, les sondages fleurissent. Ils donnent Renée Soum et Henri Dabat en tête, respectivement à Prades et Millas. Renée Soum est donnée à 28%, Jean-Luc Malé à 27% ; Henri Dabat serait à 35% et son plus sérieux concurrent, le maire PS de Millas, François Beffara, à 29%.

C'est très exactement l'inverse qui va se produire.

Le 31 janvier au soir, à Prades, c'est Jean-Luc Malé (UDF-RPR) qui arrive très nettement en tête, avec 1 973 voix. Derrière : Renée Soum (PS) 1 455 voix ; Serge Bastide (PCF) 980 voix ; Henri Goujon (sans étiquette) 789 voix ; Georges Doutres (divers droite) 676 voix ; et André Barrère (UC) 127 voix. Pour ce premier tour de scrutin, 6 132 suffrages se sont exprimés dans le canton de Prades qui compte 9 607 électeurs inscrits.

Dans le canton de Millas, François Beffara (PS) s'installe en tête avec 2 177 voix. Derrière : Henri Dabat (UDF-RPR) avec 1 942 voix ; Henri Pujol (PCF) avec 1 228 voix ; Joseph Parella (sans étiquette) 549 voix ; Daniel Meunier (FN) 531 voix ; et Claude Gendre (PSC) 152 voix. Il y a eu 6 579 suffrages exprimés pour 10 996 électeurs inscrits.

Au second tour, François Beffara (PS) est confortablement élu à Millas, avec 56,17% des suffrages exprimés (contre 43,83% à Henri Dabat) ; et c'est Jean-Luc Malé (UDF-RPR) qui gagne à Prades avec 53,87% des suffrages exprimés. Bilan : la majorité UDF-RPR du Conseil général perd un siège, celui de Millas.

Réaction de la députée PS, Renée Soum : «*Ce n'est pas Jean-Luc Malé qui a été choisi par certains électeurs, mais le fils de Guy Malé*».

Quand au patron départemental de l'UDF, Michel Berdaguer, il ne décolère pas : «*La droite sort fragilisée de ce scrutin (...). Certaines personnes de la Majorité départementale ont joué la politique du pire et n'ont pas hésité à trahir*».

# 1988. Elle rempile pour un second mandat

A peine sortie de l'épreuve de la mort de son ami Guy Malé, Monique Grinard doit affronter, dans sept mois, très exactement le 25 septembre 1988, une nouvelle échéance électorale, car son canton est renouvelable lors de ce scrutin.

Sur tous les fronts, comme d'habitude, bien ancrée dans son bilan d'élue qu'elle ne cesse d'agiter, telle une victoire issue d'un diplôme universitaire, ou les résultats favorables d'une analyse médicale à l'issue d'une grave maladie, Monique Grinard laboure son espace cantonal avec une rare énergie.

Elle sait que la partie est loin d'être gagnée d'avance, car le maire de Canet-en-Roussillon, l'UDF Jacques Coupet, son plus fidèle adversaire, assure à qui veut l'entendre son intention d'être candidat face à elle. Il a déjà annoncé la couleur, bien décidé à aller jusqu'au bout, même au péril de sa vie électorale. Il n'a toujours pas digéré la candidature de Monique Grinard contre lui, lors des précédentes élections, les municipales de 1983. Sa tête «à couper», il compte bien cette fois-ci non seulement réitérer l'exploit de 1983, mais en plus en découdre définitivement avec une rivale devenue trop encombrante pour lui et aux yeux des siens.

Cela fait déjà des mois qu'il boude chaque cérémonie qui auréole les travaux de Monique Grinard (chantiers financés bien sûr par le Département, pour partie ou entièrement), en se faisant porter systématiquement absent. Que ce soit pour l'inauguration d'un rond-point, pour l'ouverture d'une déviation, Jacques Coupet se fait toujours porter «*malade*», prétextant ici qu'il est «*retenu par ses obligations professionnelles*», ailleurs qu'il est «*pris par une commission en mairie*»... alors qu'il a levé l'ancre, avec sa bande de copains d'abord, pour mettre le cap sur Alcudia, aux Baléares.

A l'autre bout du canton, sur le territoire de la commune de Saint-Cyprien, avec le maire Jean Olibo, ce n'est guère mieux. Ambiance identique. Il n'est vraiment ni facile ni évident d'être conseiller général sans avoir un pied dans l'une des mairies de son canton. D'ailleurs, Monique Grinard fait partie des très rares conseillers généraux qui ne sont pas maires.

En août 1988, lors de la mise en place officielle de la déviation nord de Saint-Cyprien, en présence d'élus du Conseil général, des hauts-fonctionnaires de l'Equipement, de la Gendarmerie nationale, Monique Grinard est bien seule, une fois de plus, à couper le ruban devant les journalistes. Mais, comme d'habitude, détail qui a son importance, même absent Jean Olibo a tenu à... offrir l'apéritif. Il a demandé à ses services municipaux de l'organiser, avec sa courtoisie habituelle, tandis que monsieur le maire ouvre son courrier dans son bureau.

Ce «machisme» là ne la décourage pas pour autant. Tous les jours, elle se trouve un excellent prétexte pour être sur le terrain. Elle demande à René Marquès, comme elle l'avait exigé et obtenu de feu son prédécesseur Guy Malé à la présidence du Conseil général, de le représenter chaque fois que le Département est sollicité pour participer à une manifestation à Canet-en-Roussillon et Saint-Cyprien. René Marquès accepte. Mieux encore, afin de lui témoigner son entière confiance, il se propose même de l'accompagner quand cela lui sera possible. Surtout que dans l'Exécutif départemental, des voix s'élèvent pour dénoncer la stupidité d'un tel comportement uniquement basé sur des querelles de clocher, alors même que le canton de la Côte-Radieuse est l'un de ceux qui a, hors la ville de Perpignan et ses 9 cantons, le plus profité de la manne financière du Conseil général au cours du dernier mandat (1982-1988) : environ 30 millions de Francs pour l'aménagement du réseau routier.

Chacun pense qu'il serait temps que cessent ces enfantillages qui n'apportent rien et, comme commence à s'en émouvoir une partie de la population sur place, ne servent qu'à occulter les vrais problèmes.

Comme il fallait s'y attendre, plus on se rapproche du calendrier électoral, et plus le ton monte. René Marquès s'investit à fond aux côtés de Monique Grinard. Pas question pour lui de la laisser tomber.

Les petites phrases sibyllines et les communiqués de presse de Jacques Coupet - qui s'en prend maintenant frontalement au Conseil général, accusant l'Assemblée départementale de vouloir en quelque sorte tuer dans l'œuf son projet de technopole Latitude 42 entre Canet et Perpignan - commencent sérieusement à lasser la galerie roussillonnaise. Car il y a d'autant plus réellement danger dans la «Maison Grinard», que dans ce canton de la Côte-Radieuse, à l'électorat réputé très à droite (surtout depuis qu'en 1985 on lui a ôté la commune de Cabestany, dans le cadre d'un redécoupage cantonal), le Front National (FN) pourrait franchir allègrement la barre des 20 %. Et donc par ricochet être un obstacle de taille à la réélection de Monique Grinard.

Mais coup de théâtre, le jour de la clôture du dépôt des candidatures, le jeudi 8 septembre 1988 à 18 heures, Jacques Coupet n'est plus candidat ! Le duel Coupet contre Grinard n'aura donc pas lieu... Et parmi les 16 cantons renouvelables et les 70 candidats annoncés dans les P-O, c'est du canton d'Arles-sur-Tech que vient la grosse surprise, puisque l'élue sortante, Jacqueline Alduy, de par ailleurs maire d'Amélie-les-Bains, devra affronter la candidature de son neveu et conseiller municipal, Jean Xatard ! Car sa tante est aussi son maire. Cerise sur le gâteau : tous les deux sont adhérents à l'UDF via la parti centriste CDS. Jean Xatard a déposé sa candidature dans les cinq dernières minutes précédant la clôture des inscriptions.

La veille, lors d'une étonnante conférence de presse à sens unique, Jacques Coupet confirme qu'il annule toutes ses ambitions et «tentatives de déstabilisation» (que lui prêtaient soi-disant les journalistes et l'Exécutif du Département...), vis-à-vis de Monique Grinard, conseiller général RPR sortant.

Bien plus tard, on apprendra par une indiscrétion que les deux élus s'étaient mutuellement engagés dans un document commun :

- *«Jacques Coupet, maire de Canet-en-Roussillon, prend l'engagement de ne pas présenter sa candidature aux élections cantonales ; de soutenir avec la majorité de son conseil municipal Mme Monique Grinard, conseiller général sortant du canton de la Côte-Radieuse, candidate investie par le RPR et l'UDF.*

- *«Monique Grinard, conseiller général sortant du canton de la Côte-Radieuse, prend l'engagement de défendre les dossiers du canton et en particulier la liaison rapide Perpignan-Canet prévue depuis 1962 (la route entre ces deux villes étant la plus fréquentée du département), l'endigage de la Têt dont les risques d'inondation et de détérioration des rives existent depuis 1940, le technopole Latitude 42 en Roussillon (projet indispensable à l'économie roussillonnaise et pour lequel le Département est le partenaire le plus timide du point de vue de Jacques Coupet), l'amélioration des conditions d'écologie et de pêche de l'étang de Canet pour lequel (indépendamment de son acquisition par le Conservatoire du Littoral) aucune action n'a été menée depuis ; Monique Grinard prend l'engagement en son nom personnel et au nom de son parti de ne pas présenter sa candidature aux élections municipales de mars 1989 à Canet-en-Roussillon ; elle respectera également la qualité de «sortants» des élus tant RPR qu'UDF qui ont collaboré depuis plusieurs mandats pour certains, et durant le dernier pour les autres avec Jacques Coupet.*

- «*Les deux titulaires de ces mandats (municipal et cantonal) pourront ainsi coordonner leurs actions pour le développement économique du canton et l'évolution favorable de l'Economie départementale*».

Bien évidemment, un tel document n'a aucune valeur juridique, mais il donne le climat de l'atmosphère politique ambiante dans le département, d'autant que par la suite on constatera que c'est une manière de faire très en vogue dans les Pyrénées-Orientales...

Mais accordons au moins à Jacques Coupet - comme d'ailleurs le fera Monique Grinard en mars 1989 pour les municipales - le mérite et l'honnêteté d'avoir respecté cet engagement.

Le dimanche 25 septembre 1988, au soir du premier tour, avec près de 35% (2 097 voix) des suffrages exprimés, Monique Grinard fait un score tout à fait honorable, malgré la présence de quatre autres candidats : Aimé Just, pour le PS, est second, avec 26,99% (soit 1 637 voix) ; Claude Breton, FN, arrive en troisième position avec 18,50% (1 122 voix) ; talonné par la candidate communiste, Simone Parrot, 17,31% (1 050 voix). Loin derrière, Jacques Nahon, étiqueté «Libéral Européen», avec 157 voix (2,58%). Sur les 14 914 électeurs inscrits dans le canton de la Côte-Radieuse, 6 274 seulement se sont déplacés pour voter, et 6 063 suffrages exprimés ont été comptabilisés.

Mais ce résultat ne satisfait pas du tout Monique Grinard. Elle ne décolère pas. La bouillonnante élue du canton de la Côte-Radieuse n'a pas d'état d'âme devant les journalistes qui rôdent près des urnes et dans les coulisses électorales. Elle estime avoir «*été abandonnée par les miens !*».

Au fur et à mesure que tombent les résultats, Monique Grinard ne cache pas sa rancœur, ses déceptions, voire ses doutes, en regrettant que «*seul le président du Conseil général, René Marquès en l'occurrence, est venu me soutenir. Les gens de mon parti ont été honteusement discrets. J'espère qu'ils se rattraperont à l'occasion du second tour. A moins qu'ils préfèrent l'élection du candidat socialiste...*».

A cet instant, Paul Blanc, conseiller général divers-droite de Sournia, la rejoint. Les photographes sont là. L'un d'eux légendera pour le journal Midi Libre : «*Paul Blanc s'approche pour consoler Monique Grinard dont la cote n'est pas jugée suffisamment... radieuse*». Le poids des mots, le choc des photos. Monique Grinard n'apprécie pas, mais elle n'est pas prête à oublier son statut d'élue et de battante. Toujours debout dans l'action.

Les réactions fleurissent, aux micros des uns, devant les caméras des autres, sous les stylos d'autres encore... Tandis que Paul Alduy déclare à la presse «*Que les candidats de la mairie font des étincelles à cette élection*» - car tous les candidats présentés et soutenus par son conseil municipal arrivent très largement en tête au soir de ce premier tour des cantonales - René Marquès, lui, se dit «*abattu, consterné par les chiffres... Je suis aujourd'hui inspiré par une grande déception. Je me suis efforcé d'expliquer que les élections cantonales sont très importantes, parce qu'elles concernent tous les éléments de notre quotidien. En l'occurrence les écoles, les transports scolaires, la santé, le désenclavement, etc. Je suis étonné de voir le peu d'empressement qu'ont les gens à se déplacer (moins de 25% des inscrits dans les cantons de Perpignan). Je suis consterné par les chiffres*».

Pour Paul Alduy, «*les Perpignanais sont comme ça ! Quand il neige, ils ne vont pas voter, on l'a eu vu certains mois de mars... Et quand il fait beau pour l'ouverture de la chasse c'est à peu près pareil*».

Il y a quand même des candidats qui sont (ré)élus dès le premier tour : Louis Caseilles, PS, à Toulouges ; Antoine Sarda, PCF, à Latour-de-France ; Henri Soler, sans étiquette, à Vinça ; Michel Ey, UDF-PR, à Saint-Estève ; Narcisse Planas, divers-gauche, à Elne ; et Joseph Calvet, divers-droite, largement plébiscité à Saillagouse.

Entre les deux tours de ces élections cantonales de 1988, l'ambiance reste très tendue. Sur le terrain, pour afficher, lors des réunions de quartier dites «réunions Tupperware», pour les inévitables porte-à-porte, à la rédaction des tracts de campagne et des communiqués de presse, Monique Grinard peut compter sur ses «coco-boys», Jean-Louis Montgaillard en tête, toujours là, toujours présents à ses côtés, fidèles aux rendez-vous électoraux de leur candidate préférée et amie. Ils sont de toutes les initiatives, les plus inattendues comme les plus discutables - mais on est en campagne électorale - pour rompre la glace canétoise, mettre le groupe en train, donner le la.

La saison estivale étant derrière, puisque la plupart d'entre eux ont de belles affaires saisonnières dans la station balnéaire chouchou des Perpignanais - Montgaillard possède «l'Acropole» et «l'Acro'beach», deux concepts et deux superbes réussites qui a cette époque font courir le Tout-Perpignan - les «coco-boys» de Monique Grinard sont entièrement disponibles et dévoués pour mettre les fers au feu et, in fine, tirer les châtaignes du feu. Leurs établissements canétois ont le vent en poupe, on s'y bouscule au portillon, ils connaissent donc les bonnes recettes pour jouer à bureaux fermés, pour, en l'occurrence, permettre à Monique Grinard de réitérer son succès éclatant de 1982. Elle peut compter sur eux, elle peut s'appuyer sur leur réseau.

En revanche, s'il en est un sur lequel elle sait qu'elle ne peut pas compter, c'est bien le maire de Canet-en-Roussillon, Jacques Coupet.

Pourtant, il est bien là. Il n'a toujours pas quitté le port de Canet-en-Roussillon avec sa bande d'amis pieds-noirs, comme il le fait traditionnellement à cette époque de l'année, pour mettre le cap sur Alcudia, dans les îles Baléares. Attend-il d'assister à la chute de celle qu'il n'a jamais trop aimée ? Et c'est bien là le moins qu'on puisse dire...

Comme pour mieux témoigner de sa présence dans les parages, dans sa commune, il fait savoir aux correspondants de presse locaux qu'il se promène sur la place Méditerranée. Avec son look de Père Noël (barbe savamment blanchie), le vieux loup de mer se balade en dilettante, entre les terrasses de cafés et le casino, chapeau de paille vissé sur le crâne et baskets blanches. Au cas où on ne l'aurait pas reconnu, il se laisse aller à quelques confidences devant un journaliste qui lui a promis de les publier le lendemain dans son journal : «*Je suis un estivant heureux, très heureux*», lâche-t-il. «*Dans ces élections, et alors que je suis candidat à rien du tout, on parle un peu de moi, beaucoup de Canet, passionnément de mon projet économique Latitude 42, c'est l'essentiel. Heu-reux ! Je vous le répète, je suis un estivant heureux*».

Un estivant qui est quand même le maire de Canet-en-Roussillon. Comment peut-on être un estivant dans sa propre commune ?

Monique Grinard n'apprécie pas. Dans son entourage, non plus. Ses «coco-boys» estiment que la coupe est pleine et que leur candidate se doit maintenant de mettre les points sur les «i», face aux déclarations intempestives et aux plaisanteries sarcastiques du Sieur de Canet-en-Roussillon. Trop, c'est trop, ils demandent à madame le conseiller général sortant de rendre public l'engagement co-signé par elle et Jacques Coupet, visé par les états-majors UDF et RPR du département, qui signifie, entre autre, que le maire de Canet, s'il ne soutient pas la candidate, observe pour le moins une certaine neutralité.

Attaquée de toute part, par la gauche et sur sa droite, Monique Grinard ne tarde pas à réagir.

A Aimé Just, son opposant du second tour, maire-adjoint de Saint-Cyprien, candidat des forces de gauche et de progrès sous les couleurs de la Majorité présidentielle - c'est François Mitterrand qui est à l'Elysée - elle lance un défi : elle souhaite le rencontrer devant un micro ou devant une caméra «*pour que les électeurs saisissent la différence*». Il faut préciser que dans son dernier tract de campagne dans l'entre deux tours des élections cantonales, Aimé Just n'est pas tendre envers Monique Grinard qui, selon lui, porte en elle et dans son programme «*l'immobilisme, le sectarisme, le laisser-faire et l'esprit de clan (...) Elle ne sait que couper des rubans et inaugurer quelques ronds-points (...). Vice-présidente du Conservatoire du Littoral, membre de la commission départementale d'Urbanisme, elle aurait dû de par ces fonctions empêcher une certaine construction en dur sur le domaine public maritime de Saint-Cyprien mais l'esprit de famille a prévalu sur le rôle de l'élue au service de l'intérêt général. Madame Grinard, depuis la loi de Décentralisation la fonction de conseiller général est très importante, vous en avez fait un mauvais usage...*».

La veille du premier tour, déjà, la candidate du PCF, Simone Parrot, conseillère municipale d'Alénya, avait écrit dans l'un de ses tracts : «*Notre canton de la Côte-Radieuse est l'exemple type du résultat désastreux de choix politiques financiers décidés par la majorité de droite du Conseil général souvent soutenus par les élus socialistes ou apparentés (...). Les résultats de ces choix, ce sont : des emplois saisonniers sous payés, des loyers inabordables pour les jeunes et les familles, une circulation routière saturée car le réseau est inadapté, des grandes surfaces qui ruinent les commerçants de nos villages et exploitent honteusement leurs salariés dans l'irrespect le plus total des conventions collectives du commerce, des espaces naturels soustraits à l'utilisation par la population locale au profit de quelques privilégiés de la fortune qui se pavanent sur les golfs ou construisent des hôtels et des restaurants sur le domaine maritime (comme la famille de la conseillère générale sortante, Monique Grinard). Et chacun à droite y va de son projet : hippodromes, golfs, centres aquatiques, projets immobiliers... non pas dans le but d'améliorer la vie des gens de ce canton, mais uniquement pour satisfaire leur appétit de profits maximums. Et voilà que politiciens de tous bords, affairistes de tout poil, préparent pour 1992, au nom du Marché unique européen, encore plus de difficultés pour nos populations (...). J'ai été pendant dix-huit ans, maire d'Alénya, pendant six ans conseillère générale de l'ancien canton de la Côte-Radieuse qu'on a amputé dans un premier temps des quartiers populaires de Perpignan (sous un gouvernement de droite) et de la ville de Cabestany dans un deuxième temps (sous un Président de la République socialiste). Ceci pour «préfabriquer» un canton réservé aux affairistes...»*.

La riposte de Monique Grinard est immédiate : «*Cible préférée de tous les candidats, je demande à certains de relire leur manuel d'instruction civique concernant le rôle d'un conseiller général. Concernant ma soi-disant incompétence, étant depuis six ans à l'écoute de tous les projets intéressant le canton, je pense que nullement préoccupés du devenir du département ils ne m'ont jamais soumis leurs projets (que de temps perdu !)...Chef d'entreprise, je connais plus que quiconque les problèmes des commerçants, artisans, agriculteurs, industriels, seuls capables de résorber le chômage, si on leur en donne les moyens. Leurs représentants me connaissent et m'apprécient. Concernant le secteur de la pêche, les pêcheurs de tout le quartier de Port-Vendres savent combien j'ai défendu leurs intérêts. Au point de vue social, je n'ai de leçon à recevoir de personne, ayant toujours été à l'écoute, des habitants actifs, retraités, handicapés, chômeurs et déshérités du département. Le devenir de notre canton face à 1992 est pour moi, ma principale préoccupation. Faites-moi confiance une nouvelle fois*».

A Jacques Coupet, qui ne cesse de lui planter des banderilles dans le dos, via les médias et la rumeur publique, pour le faire taire, pour - selon sa propre expression - «*lui fermer le caquet*», Monique Grinard publie une lettre sous la forme d'un droit de réponse...

- «*Lettre à M. Coupet. Vous seul monsieur le maire avait décidé de votre conférence de presse, sachant que je ne pouvais y assister, siégeant à la Commission d'Urbanisme de la Préfecture à la même heure. J'ai toujours fait face à mes engagements de conseiller général depuis 1982, et je n'avais pas à signer le compromis que vous m'aviez soumis, car il s'agit d'élection cantonale et non d'élection municipale. Je vous avais fait part, lors du soi-disant dîner en tête à tête auquel vous m'aviez convié, lundi soir, mais en présence ô surprise !, de M. Teissier, restaurateur à Paris, M. Ibos, M. Benassis et M. Sagols, employé municipal, que je ne conduirais pas de liste municipale à Canet. Concernant mes insuffisances, en particulier sur le réseau routier de mon canton, près de 30 millions de Francs de travaux ont été réalisés par les entreprises de Travaux-publics du département, dont les vôtres. Je suis conseiller général d'un canton et non d'une seule commune, fut-elle la cité du Père Noël. Je pense et j'agis pour 1992 depuis longtemps*».

De l'avis de celles et ceux qui entourent la candidate, cet épisode constitue un tournant dans la campagne électorale, dont les échos atteindront Jacques Coupet lors des prochaines municipales qui avancent à grands pas, puisque programmées pour dans moins de six mois, en mars 2009. Pour eux, c'est sûr, le maire de Canet-en-Roussillon en a trop fait et trop dit. Il aurait été plus prudent pour lui, toujours selon les proches de Monique Grinard, de partir s'exiler à Alcudia le temps de ces élections, et ce d'autant qu'il arrive au terme d'un mandat municipal très critiqué.

Pour resituer le contexte, il faut savoir que Jacques Coupet avait organisé une conférence de presse, dans la salle du conseil municipal de sa mairie de Canet-en-Roussillon, afin d'expliquer pourquoi il était non-partant à ces élections cantonales... Devant les journalistes, et avant d'entrer dans le détail du retrait de sa candidature, il ne manque pas de s'étonner - et de la regretter - de l'absence de Monique Grinard qui, selon lui, et d'un commun accord, devait se trouver à ses côtés ce jour-là. On l'a vu, du côté de la conseillère générale sortante, la version est toute autre : elle affirme qu'elle a été prévenue au tout-dernier moment, et que Jacques Coupet a fait en sorte d'organiser cette conférence de presse à un moment où il était sûr qu'elle ne pourrait se libérer.

En tout cas, Jacques Coupet, bien initié à l'école de son ami d'origine canéto-perpignanaise le publicitaire Jacques Séguéla, réussit son coup médiatique. La presse locale note, et plutôt deux fois qu'une, l'absence de Monique Grinard : «*Elle n'est tout simplement pas venue, alors que tout le monde l'attendait, l'espérait. Perte de mémoire ?, oubli ?, emploi du temps trop chargé ?, qu'importe puisque on ne le sait toujours pas. Bref, pas de Monique Grinard, mais un Jacques Coupet bien présent*», relèvent les médias. Et des journalistes qui ne sont pas restés sur leur faim.

Explications du maî(t)re de Canet : «*Je suis loin, moi d'être touché par le cumul des mandats. Cependant, une énorme tâche m'attend durant ces prochaines années. Et j'aurais eu toutes les peines du monde à gérer au mieux l'avenir d'un canton, en m'occupant d'aussi près de Latitude 42 et de ma commune*». La messe officielle est dite.

Mais, plus loin, titillé par les journalistes, Jacques Coupet devient plus bavard : «*Je n'ai pas toujours été récompensé pour avoir, moi, respecté l'Union de l'UDF et du RPR. Mais soit. J'ai aujourd'hui l'assurance des instances départementales de l'UDF, de Claude Barate et de Monique Grinard, en ce qui concerne les accords des municipales de 1983. Ils seront maintenus dans l'équilibre qui existe, depuis, au sein du conseil municipal de Canet (...). Vous me demandez maintenant ce que je pense du boulot de Monique Grinard sur le canton de la Côte-Radieuse ? J'estime que lors de son précédent mandat, de 1982 à aujourd'hui, elle s'est montrée insuffisante. Monique Grinard doit passer à la vitesse supérieure. Mon souhait serait qu'elle me précède, qu'elle aille plus vite et mieux que moi !*». Il ne mâche pas ses mots en reprochant carrément au Conseil général «*d'être le partenaire le plus timide concernant mon projet de technopole Latitude 42*»... Le Père Noël vide sa hotte et c'est cadeau !

Le 2 octobre 1988, Monique Grinard est réélue conseillère générale du canton de la Côte-Radieuse, avec 54,36% des suffrages exprimés, contre 45,64% à son concurrent du Rassemblement des forces de gauche, Aimé Just.

Les autres élus, ou réélus, au second tour dans le département, sont : Henri Sicre (avec 66,84% des suffrages exprimés), PS, à Céret ; François Beffara (57,30%), PS, à Millas ; Paul Alduy (69,12%), UDF, au Moulin-à-Vent (Perpignan IV) ; Jacqueline Alduy (58,41%), UDF, dans le canton d'Arles-sur-Tech ; Jean-Claude Courty (68,70%), divers-droite, dans le Centre-Ville (Perpignan VI) ; Françoise Barate (62,31%), RPR, dans le canton Perpignan VII ; Pierre Gaspard (60,13%), divers-droite, Perpignan V ; André Comaills (55,67%), RPR, Perpignan VIII ; Jean Galindo (53,69%), sans étiquette, à Olette.

Un second tour vite joué et sans surprises.

Seuls événements notables, selon la presse de l'époque : la sortie du communiste Alain Nunez, à Olette - battu par un illustre-inconnu qui a fait campagne en costume à pattes d'éléphant, Jean Galindo, agriculteur, 38 ans, natif d'Escaro, découvert par Jacques Farran - et l'entrée en politique probante de Françoise Barate, l'épouse du député Claude Barate et adjoint au maire de Perpignan.

Dans les rangs des perdants, la défaite a un goût bien évidemment amer : «*Les Perpignanais ont laissé faire le plus mauvais choix pour leur ville et le département*», réagit le socialiste Alain Le Dosseur, qui s'est incliné face à Jean-Claude Courty, dans le canton du Centre-Ville (Perpignan VI) ; «*Mme Barate a été élue grâce aux voix socialistes, elle n'a pas manqué de roses, j'espère qu'elle s'en est aperçue au moins*», claironne le député FN Pierre Sergent. Il rajoute : «*C'est une nouvelle victoire de la «machine à tuer» du RPR et de l'UDF, c'est une nouvelle victoire de l'immobilisme, on continue dans le déclin*».

C'est le vendredi 7 octobre 1988 que les 30 conseillers généraux des P-O sont convoqués à l'Hôtel du Département pour élire leur nouveau président, le Bureau et les commissions départementales.

René Marquès est réélu dans un fauteuil : 23 voix pour lui - les 21 voix de sa majorité... + 2 ! - 6 votes blancs (certainement ceux du Groupe socialiste... mais comme le vote est secret on ne le saura jamais), et une voix pour le communiste Antoine Sarda.

Tout cela dans un brouhaha sympathique, des poignées de mains sans arrière-pensées (bien sûr)... Les bizuts se présentent dans leurs costumes neufs, sous les sourires complices des vieux de la vieille... Une vraie rentrée des classes, ce vendredi-là, pour les 30 élus du Département.

Côté vice-présidents, dans l'ordre, du premier au dixième : Paul Blanc, Jacques Farran, Jacqueline Alduy, Joseph Calvet, Monique Grinard, Henri Soler, Emile Parès, Alain Marti, Jean Rède et Michel Ey.

Le Bureau, au total, vice-présidences, questure et secrétariats compris, sur proposition du président réélu René Marquès, compte 21 membres : «*Soit, très exactement, le nombre de conseillers généraux qui forment le Groupe majoritaire UDF-RPR*», fait remarquer Louis Caseilles, PS, conseiller général de Toulouges. «*C'est assez rare, pour ne pas dire unique en France, qu'un groupe majoritaire d'une assemblée occupe totalement et exclusivement son Bureau»*.

Antoine Sarda, l'élu communiste du canton de Latour-de-France, ne peut s'empêcher de ridiculiser : «*Il faut bien que tout le monde émarge pour qu'il n'y ait pas de jalousie. C'est humain. La démocratie ce n'est pas le bordel et l'idée d'un Bureau homogène n'est pas du tout une mauvaise idée en soi. Simplement, mieux vaudraient dix personnes qui travaillent que vingt-et-une qui se partagent le Bureau !*».

Les sobriquets fusent. Chacun habille l'autre pour l'hiver. C'est la période des soldes avant l'heure : «*Il ne faut pas dire Pierre Estève - le conseiller général PS de Saint-Paul-de-Fenouillet - mais «Pierrot-le-Cathare»*, confie un élu socialiste au banc de la presse. Un autre, au comptoir du bar du Conseil général : «*Ne dites pas chère madame Alduy - du nom de l'élue conseillère générale d'Arles-sur-Tech et maire d'Amélie-les-Bains/ Palalda - mais «Ma très chère Jacqueline de Médicis»* (1)*. Evitez de donner à M. Alduy du sénateur-maire (de Perpignan), mais tapez-lui doucement sur l'épaule avec un sonore «Tonton Paul». Ne dites pas Jacques Farran - tout le monde sait qui c'est - mais «Jacou-le-Croquant»*. Enfin, et on s'arrêtera là, sachez que le président réélu du Conseil général est volontiers appelé dans le département : «*le divin Marquès de Sade*»... C'est un élu socialiste qui l'a baptisé ainsi, alors que dans sa majorité on l'a rebaptisé «*Marqués de Riscal*», du nom d'un excellent vin rouge, produit dans la région espagnole d'Elciego et dont la «bodega» a été fondée en 1858. Monique Grinard n'échappe pas à cette tradition roussillonnaise du sobriquet. Du côté de la Côte, où l'on connait son penchant pour le bon champagne, elle est la «*Veuve Ruinart*»... Parce qu'elle est aussi directement à l'origine de l'introduction du champagne au bar du Conseil général.

Monique Grinard est désormais la 5e vice-présidente de l'Assemblée départementale. Elle décroche dans la foulée les présidences de la Commission départementale de l'Action Economique (emploi et formation) et de la Commission Littoral, Ports et pêche.

Les huit élus socialistes n'ont pas apprécié cette fois, mais là pas du tout, d'être systématiquement écartés de toutes les

---

*(1) Michel Sagéloly (père), qui fut maire de Céret d'avril 1964 à mars 1983, l'avait même surnommé «la hyène du Vallespir». Il est décédé le 3 avril 1990.*

commissions et relégués au rang de simples membres. Ils ont quitté dans l'après-midi la réunion plénière en faisant une déclaration à la presse : «*Ce n'est pas dans un climat d'exclusions que les élus de ce département vont contribuer à son redressement économique*».

## Chapitre III

# Les adieux d'Olibo à Saint-Cyprien, la fin de Coupet à Canet... Et Monique est toujours là !

Comme cela était écrit, l'échéance des élections municipales arrive vite, très vite ; moins de six mois après les cantonales. Les dimanches 12 et 19 mars 1989.

Que va faire Monique Grinard ? Comment va-t-elle gérer cette période ? Certes, elle s'est engagée, par écrit et devant les instances départementales du RPR (sa formation politique) et de l'UDF, à ne pas monter de liste, à Canet-en-Roussillon, contre Jacques Coupet, UDF, comme elle l'avait fait sans succès en 1983.

La situation locale va, contre toute-attente, se compliquer, avec une candidature dissidente qui ne viendra pas de chez Monique Grinard, mais de l'équipe du maire sortant de Canet-en-Roussillon. C'est Arlette Franco, qui occupe jusqu'ici les fonctions de premier adjoint auprès de Jacques Coupet, qui claque la porte et s'en va-t-en guerre.

Le 3 mars 1989, neuf jours avant le premier tour de ces municipales, Jacques Coupet présente sa liste, «Canet au cœur», dans laquelle on (re)trouve : Jacques Séguy, Michel Bénassis (déjà vice-président de la Chambre d'Agriculture des P-O), Me André Coll, Philippe Debailleux, Marie-Hélène Miermont, Marie-Paul Perez, entre autres.

Trois jours plus tard, c'est Arlette Franco, qui se jette à l'eau - un euphémisme pour la fondatrice et présidente du club «Natation 66» au Centre Europa, véritable pépinière de champions aquatiques - en dévoilant son équipe, *«une liste de compétence et de générosité au service de Canet»*, prévient-elle. *«Cette liste rassemble des volontés issues d'horizons divers qui ont uni leurs qualités et leur intégrité pour un Canet harmonieux»*. D'ailleurs, sa liste s'intitule «Carnet harmonie». Vaste défi ! Et Arlette Franco d'enfoncer : *«Cette liste est la seule ayant le soutien et le label RPR»*. Derrière la dissidente, on trouve le docteur Jean Fleuriot, Marcel Sala, le restaurateur et grand amateur de golf René Laurens («Le Pyrée-Beach», «La Pyrézzéria»...), Claude Hullo, Georges Castany, Maguy Arénas, Claude Loustalot, le promoteur Pierre Mérico, Ghislaine Grangé,

Jacques Gavalda, François Lachau, Jean-Marie Portes, entre autres.

Deux jours plutôt, et sans doute pour mieux se consacrer au combat des municipales, même si c'est une autre raison qu'elle va avancer, Arlette Franco, réélue pour la troisième fois consécutive vice-présidente de la Fédération française de natation (FFN), laisse les commandes de son club «Natation 66». Elle annonce qu'elle passe la main à un duo : Alain Chapoy, 37 ans, gendarme, et Jean Maurat, 40 ans, libraire place Arago à Perpignan.

Arlette Franco communique surtout sur le fait que le président de la FFN, Henri Sérandour, *«son très grand ami»*, ancien international de water-polo, vient de lui confier un rôle d'observateur privilégié, sorte d'ambassadeur, à l'horizon 1992 pour les Jeux Olympiques de Barcelone. Ce qu'elle ne dit pas, c'est que le même Henri Sérandour a lui-même été mandaté par le Comité national olympique et sportif français (CNOSF) - dont il assurera la présidence de 1993 jusqu'à sa mort, le 12 novembre 2009, à Dinard, des suites d'une embolie pulmonaire, de même qu'il sera membre du Comité international olympique (CIO), de 2000 à 2007 - ès-qualité de chef d'une mission aux... JO d'été de 1992 à Barcelone. Ils vont donc pouvoir s'y retrouver fréquemment. C'est encore Henri Sérandour qui confie à Arlette Franco la responsabilité de toutes les relations pour la mise en place des Jeux Méditerranéens qui se dérouleront, eux, en 1993, en Languedoc-Roussillon.

Au sud du territoire de la commune de Canet-en-Roussillon, à Saint-Cyprien, le scrutin s'annonce plus serein, moins mouvementé en tout cas. Et pour cause : Jean Olibo, à 79 ans, décide de décrocher. Après trente-trois années, de 1956 à 1989, passées à la mairie, confortablement installé dans le fauteuil de premier magistrat, Jean Olibo, «handicapé» depuis quatre ans par la perte de la vue, tourne la page.

Avec Léon-Jean Grégory, Gaston Pams et Paul Alduy, Jean Olibo est incontestablement l'élu le plus connu - et certainement l'un des plus appréciés - des Pyrénées-Orientales et au-delà des limites géographiques départementales.

Il fut secrétaire général à la mairie de Perpignan, avant que la guerre ne vienne l'en déloger : *«Je fus le premier fonctionnaire révoqué dans le département, c'est un honneur que je revendique toujours !»*, aime-t-il à rappeler, avec une vraie fierté. Puis il y reviendra, au secrétariat général de la mairie de Perpignan, de 1945 à 1957...

C'est en février 1956 qu'il a été élu pour la première fois maire de Saint-Cyprien : «*Il était marrant, il faisait le tour de sa commune à bicyclette, pour le plaisir, car il a toujours adoré faire du vélo, mais aussi pour remonter les bretelles à ceux qui n'avaient pas fait leur boulot sur le territoire communal*», se souvient encore l'un de ses proches collaborateurs.

Sa plus grande fierté : la médaille de la Liberté des USA, que les Américains lui ont offerte parce qu'ils ont estimé que ses activités de résistant ont sauvé «au moins» cent de leurs pilotes de chasse.

Le général de Gaulle en personne l'appelait «*Mon cher Olibo*». A la fin des années soixante, lorsque justement le Général se déplace en Languedoc-Roussillon, dans le cadre de la Mission Racine - créée par un décret du 18 juin 1963, signé par De Gaulle, afin de diversifier l'économie régionale par le tourisme et récupérer les devises des touristes du Nord de l'Europe, par la création de stations balnéaires (La Grande-Motte, le Cap d'Agde, Leucate et Barcarès, Gruissan...) - pour inaugurer le pont de la Corrège, entre Port-Leucate et Port-Barcarès, dès sa descente d'hélicoptère il se fait transporter jusqu'à Saint-Cyprien pour, à l'abri des regards indiscrets, y saluer «*le grand résistant Olibo*». Ainsi, Olibo restera le seul maire de la région que de Gaulle sera venu saluer spécialement et en privé entre deux inaugurations. Jusqu'ici cela ne s'était jamais vu !

Cinq candidats vont tenter de lui succéder pour le remplacer à la tête de cette commune peuplée de 5 500 habitants (et plus de 10 000 aujourd'hui), dont la population atteint même jusqu'à 80 000 personnes en été.

Jean Olibo s'est imposé une stricte neutralité dans le débat municipal. On ne l'entendra pas. Il ne s'exprimera pas. Sauf, rapidement, entre les deux tours et en quelques mots, pour s'étonner des résultats dans sa commune.

Monique Grinard, sur Canet-en-Roussillon, s'est engagée à respecter une identique neutralité. Sauf que, lorsqu'on connait le personnage, qui n'a pas la langue dans sa poche, et qui n'est pas du genre à rester les bras croisés en attendant que l'orage passe, on a du mal à la croire. D'autant, qu'ici, à Canet, il y a vraiment de l'orage dans l'air ! Une certaine nervosité, et ce n'est pas là que de la simple impatience, excite l'atmosphère avec entêtement. En bref, ça commence à bien faire...

La cause de cette agitation, de cette exaspération, c'est la présence sur les deux listes - celle conduite par Jacques Coupet le maire sortant UDF, et celle menée par la dissidente RPR Arlette Franco - d'éléments (in)contrôlés proches de Monique Grinard. Cela n'a échappé à personne. Et l'imbroglio, que certain(e)s qualifient de «duperie» voire de «félonie» à la cantonade, a du mal à passer. Entre veulerie, poltronnerie, couardise et reniements, l'ambiance électorale canétoise renoue avec ses traditions de circonstance. On passera sous silence, les bastons, les rosseries, les bras cassés (au sens propre comme au sens figuré), les baisers de Juda, les coups-bas et autres coups de Jarnac, les graffitis obscènes décalqués sur les façades des maisons de certains candidats auxquels on attribue maîtresses (ou amants), comptes en banque dans les Caraïbes, actions dans le casino, emplois fictifs et prise illégale d'intérêts... La campagne électorale, et surtout ses dessous chic et choc, s'affichent sur (presque) tous les murs de la ville, notamment dans les quartiers de la Plage. Les personnes peu recommandables, connues du Tout-Canet, s'en donnent à cœur joie, sans foi ni loi. Il y a même des voitures qui flambent, mais pas avec du rhum ! Bien entendu, chaque camp s'offusque de la situation en se renvoyant la balle. Une fois de plus, il est grand temps que tout cela se termine, tant l'air électoral, à Canet-en-Roussillon plus qu'ailleurs dans le département, devient irrespirable.

Les résultats du premier tour tombent.

Sur Canet-en-Roussillon, où l'on enregistre 4 627 suffrages exprimés sur les 4 704 votants (6 441 inscrits), la liste d'Arlette Franco arrive nettement en tête, avec 1 793 voix (38,75%), suivie de celles de Jacques Coupet 1 422 voix (30,73%), du socialiste Aimé Fusté 944 voix (20,40%) et du candidat FN Claude Breton 468 voix (10,11%).

C'est une excellente soirée pour Arlette Franco qui savoure, déjà, même si air connu «*il ne faut jamais vendre la peau de l'ours avant de l'avoir tué*», quelque chose qui ressemble à une victoire : «*C'est agréable, mais je dois avouer que je suis surprise. Je pensais arriver en tête mais pas avec cet écart. Il y a eu un vote des Canétois. Mon programme a été conçu dans un esprit d'harmonie. J'espère que les perdants sauront le reconnaître. Ce soir, je savoure !*». Il faudra quand même confirmer au second tour.

A Saint-Cyprien, le score est particulièrement serré. Raymond Barboteu, sous l'étiquette «Majorité présidentielle», est devant de justesse avec 1 036 voix (27,58%) ; talonné par un médecin jusque là inconnu en politique, le docteur Jacques Bouille, 1 028 voix

(27,31%) ; puis suivent les listes du candidat socialiste, Aimé Just, 686 voix (18,26%), du divers-droite Sauveur Santoro, 554 voix (14,75%), et enfin de l'UDF Jean Dumas, 452 voix (12,03%).

Soixante-deux des 226 communes des Pyrénées-Orientales doivent effectuer un second tour de piste le dimanche d'après, 19 mars 1989. Parmi elles, donc, Canet-en-Roussillon et Saint-Cyprien, où, si l'on s'en tient à la simple lecture des reports de voix possibles en fonction des forces en présence, rien n'est joué.

La campagne continue ! Et, à force de s'emballer, à Canet, elle va déraper...

Rien ne va plus à Canet, effectivement, où le maire sortant, Jacques Coupet, après avoir, en décembre 1988, giflé l'un de ses employés municipaux, aurait, la veille du premier tour, proféré de graves menaces à l'encontre de Gérard Freixinos, imprimeur... et qui milite pour Arlette Franco.

La victime, entourée de témoins (dont il semblerait le président du Tribunal de Grande Instance de Bordeaux !), a décidé de divulguer «l'affaire» à la presse, le mardi 14 mars 1989, à 11 heures. L'entre deux tours se présente plutôt mal pour Jacques Coupet, car la version des faits énoncés par la victime, et qu'il ne démentira jamais, est accablante.

Jacques Coupet perd-il son calme... avant de perdre son fauteuil de maire ? La question (et la réponse) est sur toutes les lèvres. De ses partisans comme de ses opposants.

Lors de sa conférence de presse, l'imprimeur annonce qu'il va poursuivre Jacques Coupet pour «*menaces de mort*». Il raconte que le fameux samedi, dans l'après-midi, avant le premier tour, alors qu'il se promenait en famille sur la zone technique du port de Canet-en-Roussillon, tout d'un coup il a entendu une voix s'exclamer derrière lui : «*Trahison, chien, traitre ! Pour moi, ce n'est pas grave... mais mon fils te tuera*». L'auteur de la tirade, confirme l'imprimeur, c'est Jacques Coupet, maire sortant, Père Noël en rupture de civilités.

Gérard Freixinos n'est pas candidat à Canet-en-Roussillon. On sait simplement qu'il a imprimé la prose électorale d'Arlette Franco, la première adjointe dissidente de la municipalité Coupet.

Ceci étant, l'imprimeur ajoute : «*Monsieur Coupet ne m'a pas frappé. Je tiens à le préciser. J'ai eu cette chance (...). C'est vrai, j'ai soutenu Arlette Franco mais sans engagement ostensible. Imprimer ses affiches, cela ne m'implique pas. Tenez, la semaine dernière, nous avons imprimé 160 tonnes de papier pour Robert Vigouroux à*

*Marseille. Je n'ai pas reçu de menaces pour autant (...). Pour moi, Jacques Coupet est quelqu'un qui ne se maîtrise pas. On peut le comparer à l'Ayatollah. C'est un dictateur. On a un premier magistrat qui est indigne de l'être*».

Ces menaces, Gérard Freixinos les a prises très au sérieux : «*Je suis allé porter plainte, car j'ai eu peur...*». Il avoue ne pas avoir dormi dans la nuit de samedi à dimanche, et avoir interdit à son fils âgé de 20 ans de sortir.

Le lendemain, Jacques Coupet, dans un communiqué, lance ce qui sera interprété comme étant un cri - le dernier ? - de désespoir dans sa campagne : «*...Je demande en particulier aux abstentionnistes du premier tour de mesurer le poids de leur bulletin dimanche prochain, et de faire confiance à l'équipe qui a construit hier, seule capable de réaliser aujourd'hui...*».

Le dimanche 19 mars 1989, la liste «Canet harmonie» d'Arlette Franco, RPR, l'emporte nettement. Il n'y a pas photo, comme ont dit. Inscrits : 6 441. Votants : 4 976. Exprimés : 4 929. Liste Arlette Franco, 2 291 voix (46,48%) ; liste Jacques Coupet, 1 631 voix (33,09%) ; liste Aimé Fusté, 674 voix (13,67%) ; et liste Claude Breton, 333 voix (6,76%).

A Saint-Cyprien, c'est le docteur Jacques Bouille qui succède à Jean Olibo. Inscrits : 4 728. Votants : 3 897. Exprimés : 3 811. Liste Jacques Bouille, RPR, 1 469 voix (38,55%) ; liste Raymond Barboteu, Majorité présidentielle, 1 331 voix (34,93%) ; liste Aimé Just, PS, 597 voix (15,67%) ; et liste Jean Dumas, UDF, 414 voix (10,86%).

Elus, Jacques Bouille comme Arlette Franco, ne souhaitent pas dans un premier temps, se voir attribuer une étiquette politique en général, celle de RPR en particulier ! Même si leur penchant pour la «Chiraquie» est évident. Mais ils sont pleinement conscients que leur personnalité a été plus porteuse que le sigle «chiraquien» (Qu'ils ne renient pas pour autant). Ils le font savoir aux journalistes. Et ils leur demandent de ne plus accoler systématiquement le sigle RPR à leurs noms... Arlette Franco ne se souvient plus que, lors de la présentation de sa liste aux médias locaux, elle avait insisté lourdement sur le fait «*qu'elle seule pouvait se revendiquer du soutien du RPR*». Cela grince et coince chez les Compagnons, rue de l'Ange à Perpignan, où l'on se dit «*quelque peu déboussolés par cette réaction*».

De plus, la page des élections tournée, comment vont réagir les militants roussillonnais du RPR en apprenant, par exemple, ce qui s'est passé aux dernières municipales, à Canet-en-Roussillon, où pendant qu'Alain Marti, conseiller général RPR à Perpignan, soutenait activement et bruyamment Arlette Franco, Monique Grinard, conseillère générale RPR également, appelait, elle, à voter pour le maire UDF sortant, Jacques Coupet, faisant carrément campagne à ses côtés ? C'est à y perdre son latin. Alors, info ou intox ? Cela parait davantage relever de l'intox, car les «coco-boys» de Monique Grinard - pour ne citer que Jean-Louis Montgaillard et Robert Grangé - se sont engagés à fond pour la liste d'Arlette Franco. Et il n'est pas usurpé ou insignifiant, il n'est pas impropre et disproportionné, de leur attribuer une part importante dans la victoire de l'ex-première adjointe de Jacques Coupet. Ce sont aussi eux qui ont retroussé les manches, ne craignant pas un seul instant d'en voir des vertes et des pas mûres pour essuyer les plâtres dans les situations les plus déplaisantes. On peut imaginer qu'ils l'ont fait avec l'assentiment, voire la complicité, de Monique Grinard. On sait aussi qu'ils faisaient partie, dans les premiers pas électoraux de Monique Grinard, des plus farouches opposants à Jacques Coupet.

Réfutant toute accusation et le moindre reproche dans ce domaine, et estimant avoir eu une attitude honnête, sincère et exemplaire de neutralité lors de ces élections municipales à Canet-en-Roussillon, Monique Grinard s'insurge dès le lendemain dans la presse locale : «*J'affirme qu'il n'y a pas de division au sein du RPR. Le RPR a gagné plusieurs mairies, j'en suis heureuse. Les élections municipales concernent directement la population qui est seul juge à choisir le maire le plus apte à gérer. Je suis restée neutre et je n'ai fait campagne pour personne car dans plusieurs villages, des candidats RPR se présentaient dans diverses listes opposées. Il n'y a pas de bon ou de mauvais RPR. La population ayant choisi Arlette Franco et le docteur Bouille, ils ne le doivent qu'à leur propre personnalité et à leur capacité de gestion et je les en félicite. La famille RPR, j'en suis personnellement convaincue, se retrouvera ensemble et unie en vue des élections européennes ou nationales futures. Je suis au service des maires de mon canton ainsi que de la population dans l'exercice de mon mandat de conseiller général*».

Canet-en-Roussillon, Saint-Cyprien... La vie au quotidien reprend. Avec ou sans la présence de Monique Grinard aux côtés des nouveaux maires.

A Canet-en-Roussillon, c'est Roger Pla qui fait la Une. Le propriétaire du camping «Le Brasilia» reçoit, le 20 mars 1989, des mains d'Olivier Stirn, ministre délégué chargé du Tourisme, le Prix du meilleur camping de l'année ; une distinction nationale attribuée, entre autres, par les lecteurs du «Caravanier».

A Saint-Cyprien, c'est un canon de la beauté, la splendide Christine Lemaire, élue Miss Saint-Cyprien et Miss Roussillon, qui est acclamée comme une reine à son retour de Paris, où elle a participé au concours national de Miss France. Hélas, elle n'a pu se frayer un chemin pour accéder au podium, mais elle est, localement, accueillie triomphalement.

Arlette Franco est installée dans le fauteuil de maire de Canet-en-Roussillon, le 24 mars 1989, devant quelque 300 Canétoises et Canétois venus assister à l'événement. Jacques Coupet, maintenant élu dans l'Opposition, n'est pas là. Son nom est sifflé à plusieurs reprises, même si Arlette Franco s'égosille à calmer les esprits, exigeant du public un peu de retenue.

Par 22 voix sur 29, le conseil municipal de Canet-en-Roussillon, entérine l'élection d'Arlette Franco. Un tonnerre d'applaudissements vient souligner l'événement. Mais le record du jour, puisque nous connaissons l'esprit de compétition qui anime Arlette Franco, c'est une certaine Maguy Arénas, enseignante comme elle, qui va l'afficher : elle obtient 24 voix !

Le même jour, à Saint-Cyprien, Jean Olibo prend la parole, rappelle ses trente-trois années de gestion et souhaite «*bon vent et bonnes voiles*» à ses successeurs : «*Je vous transmets un outil de travail en parfait état*». Il est 18 heures et des poussières.

Puis, dans la salle du conseil municipal, c'est l'appel des conseillers municipaux, selon le cérémonial prévu. Jacques Bouille prend officiellement ses fonctions. Nouveau maire de Saint-Cyprien, dans un esprit de large conciliation, à chaque fois qu'il le peut dans son discours de mise en place de l'assemblée communale, il tend la main vers les élus des autres listes et leur laisse la possibilité d'être candidats aux postes d'adjoints. Tactique, expression ou sobre élégance, il n'empêche que cela ne marche pas, que l'Opposition, en bloc, refuse cette politique de la main tendue - pariant selon le vieil adage «Qu'il n'y a pas de fumée sans feu»... - et les offres successives de Jacques Bouille aux élus d'en-face restent sans échos. Sans voix.

Le nouveau conseil municipal sous sa présidence étant maintenant en ordre de marche, Jacques Bouille conclut : «*Ecoute, transparence, communication, j'appliquerai de bout en bout de mon mandat cette volonté permanente qui a été la mienne (...).*

*Transparence : nous n'avons rien à cacher, la mairie est la maison du peuple et chaque habitant a le droit d'y être bien accueilli. Les documents régulièrement communicables seront communiqués sans aucune discrimination (...)».*

# L'affaire du restaurant «Les Tamaris», sur la plage de Saint-Cyprien

S'il est un dossier qui va véritablement empoisonner les débuts du second mandat de conseiller général de Monique Grinard, c'est bien l'affaire du restaurant «Les Tamaris», un établissement estival ancré sur le sable, à Saint-Cyprien plage.

C'est son fils aîné Daniel, qui, en mars 1988, dépose une demande de permis de construire pour un local situé sur la plage Sud de Saint-Cyprien, et destiné à devenir un bar-restaurant.

L'idée d'un tel projet, selon Monique Grinard, leur a été soufflée par M. Leccia, alors chef du service maritime de l'Equipement dans les P-O. D'autres structures sont déjà existantes sur le port de Saint-Cyprien, et partout ailleurs sur le littoral méditerranéen français on assiste à la floraison de clubs de plage, que ce soit pour des activités de loisirs (location de pédalos ou de voiliers), ou pour la bonne bouche à l'ombre de parasols... Sur la Côte-d'Azur, le phénomène est en vogue, de Menton à Sainte-Maxime, via Cannes et Saint-Tropez. Plus près de chez nous, sur les plages de l'Hérault, on constate le même engouement de La Grande-Motte à Sérignan, en passant par Carnon et le Cap-d'Agde.

Déjà, sur le sable de Canet-en-Roussillon, les clubs de plage sont très courus.

Alors, pourquoi pas à Saint-Cyprien ? Et l'idée semble faire son petit bonhomme de chemin, à tel point que Daniel Grinard obtient rapidement toutes les autorisations, en s'alignant sur les procédures qu'il pense respecter à la lettre.

Plus méfiante, Monique Grinard décide quand même d'aller s'en entretenir avec le maire de Saint-Cyprien de l'époque, Jean Olibo. Elle frappe à sa porte un jour en fin de matinée, elle se souvient encore parfaitement de cette entrevue : «*Je n'avais encore pas vu M. Olibo sur ce sujet. J'ai attendu que mon fils Daniel soit en règle, qu'il ait le feu-vert des administrations concernées pour aller m'en inquiéter de vive voix avec Olibo. Je lui ai demandé, avant de lancer les travaux, si tout était bien en règle, car je ne voulais pas être embêtée dans la mesure où je m'étais portée caution. Il m'a répondu «Qu'il n'y avait aucun problème, aucun inconvénient, que le permis de construire était tout à fait légal»... Franchement, croyez-vous que la municipalité aurait accepté de nous raccorder aux égouts, de nous apporter l'eau, qu'EDF nous installe un compteur électrique, tout cela à la vue de tous, si la construction de l'établissement de mon fils avait été illégale ? C'était au-delà de la bande des 100 mètres dans laquelle il est effectivement formellement interdit de construire... Dommage que M. Olibo ne soit plus là aujourd'hui, car il pourrait témoigner de ce que je raconte. C'est lui qui a autorisé l'ouverture du restaurant sur la plage... Je pressentais quelque chose dans cette affaire. Lors de notre entretien, je lui avais dit avec mon franc-parler qui le faisait toujours rire : «M. Olibo, je veux que tout soit légal. Je ne veux pas être emmerdée par la suite. Vérifiez bien que tout soit légal et inattaquable ! Car c'est mon pognon que je joue là, et mon pognon c'est mon travail ! L'argent ne me tombe pas du ciel, à moi»*.

Les travaux débutent au mois de mai 1988, le chantier est pratiquement bouclé en deux mois, Daniel Grinard peut faire la saison. Idéalement bien placé, très accessible, l'endroit devient vite «très tendance» comme on dit. On y mange bien, le décor est plutôt agréable, le mobilier confortable, l'espace est tranquille, la vue somptueuse sur la grande bleue... Tous les ingrédients sont réunis pour vite faire des lieux une adresse à la mode, incontournable. Le bouche-à-oreille se répand comme une traînée de poudre et, avec une telle carte postale, pas besoin d'un Jacques Séguéla local pour remplir le restaurant. C'est chose faite dès les premiers jours. On se bouscule au portillon. C'est aussi l'époque où Monique Grinard a des amis. Beaucoup d'amis. On serait presque tenté de dire : Qu'elle n'a que des amis. Il faut dire que tout lui sourit sur la scène publique. Et professionnellement. Sa générosité aidant, légendairement entretenue par tous, et en particulier par celles et ceux qui savent en profiter avec assiduité, la table des «Tamaris» est celle où il faut se montrer pour être vu, connu et reconnu.

Mais entre temps, une association regroupant des défenseurs de l'Environnement, «Bien Vivre à Saint-Cyprien», va soulever un lièvre de taille, dont le râble n'a rien de savoureux même accompagné d'une sauce Grand-Veneur ou à la moutarde...

Selon cette association, qui a enquêté de très près sur ce dossier : un adjoint au maire de Saint-Cyprien a signé le 6 juin 1988 un arrêté - validé par la Préfecture des P-O le 14 juin suivant

- ordonnant la cessation immédiate des travaux. Le permis de construire aurait quand même été délivré par le maire le 15 juin malgré la DDE (Direction Départementale de l'Equipement), qui affirme «*avoir donné un avis défavorable*»... Toutefois, à la DDE un haut responsable fait remarquer «*Que depuis la loi de Décentralisation de 1982, le maire d'une commune peut ne pas tenir compte de cet avis*».

En fait, lorsqu'arrive ce coup de théâtre, les travaux des «Tamaris» sont pratiquement terminés. Et le restaurant ouvre ses portes, une semaine après la délivrance du permis de construire.

Ni une ni deux, l'association «Bien Vivre à Saint-Cyprien», convaincue qu'il y a là anguille sous roche, déterminée à faire éclater le scandale et fermer l'établissement, porte plainte.

Elle s'appuie sur le fait que le fils et la belle-fille de Monique Grinard ont fait construire un bâtiment en dur de 293 $m^2$ sur une concession de 2 000 $m^2$ en ayant obtenu le permis de construire... à la fin des travaux. L'association «Bien Vivre à Saint-Cyprien», représentée par Me Jean Codognès, engage deux procédures : l'une sur le plan administratif qui dénonce l'entorse faite à la loi quant à une construction en dur sur le domaine maritime (seules les constructions démontables en fin de saison touristique y sont tolérées avec dérogation), l'autre sur le plan pénal concernant la construction sans autorisation même si elle a été obtenue à postériori. Dans un premier temps le tribunal administratif annule le permis de construire. La cour d'Appel de Montpellier confirme cette décision puis le pourvoi en cassation des époux Grinard est rejeté. Ces derniers sont maintenant tenus de remettre les lieux en état dans les six mois avec une astreinte de 500 Francs (soit 76 Euros) par jour de dépassement. L'arrêt de la cour d'Appel ayant été rendu le 18 mai 1991, les Grinard ont donc jusqu'au 18 novembre 1991, dernier délai !

Dans les attendus avancés, il est dit «*Que le restaurant «Les Tamaris» est non seulement édifié sur le domaine maritime mais il est de plus construit (avant la délivrance d'un permis), en dur, alors que le cahier des charges impose aux bénéficiaires d'une concession sur la plage des constructions légères uniquement exploitables en saison estivale et devant être démontées le 30 septembre de chaque année*».

De procédures en contre-expertises et en appels, «l'affaire» va mousser pendant trois années entières, jusqu'à l'automne 1991. Monique Grinard va y perdre son énergie et y laisser des plumes. Et ce n'est pas le nouveau maire de Saint-Cyprien, Jacques Bouille, RPR comme elle, qui va l'aider. Bien au contraire...

Cette année-là, tous les maires du littoral sont confrontés à des contraintes de plus en plus sensibles et exigeantes issues de la fameuse loi du Littoral du 3 janvier 1986. Une loi drastique relative à l'aménagement, la protection et la mise en valeur du littoral français. Une loi votée à l'unanimité par le Parlement et qui se fait fort, dans ses applications, de protéger le littoral français des excès de la spéculation immobilière.

Evidemment, comme il fallait s'y attendre, cette loi va avoir des répercussions très importantes sur les projets des collectivités locales ou de leurs groupements (syndicats mixtes, etc). L'article 1er de cette loi Littoral donne le ton avec «*la protection des équilibres biologiques et écologiques, la lutte contre l'érosion, la préservation des sites et paysages et du patrimoine (...)*».

Or, en 1991, la vie politique et économique départementale est secouée par de furieuses polémiques qui entourent de grands projets locaux, et dont nombre d'associations de défense et de protection de la nature - comme la FENEC (Fédération pour les Espaces Naturels et l'Environnement Catalans), créée en 1983 - se sont jurées d'avoir la peau : projets «pharaoniques» de ports à Argelès-sur-Mer, à Torreilles, à Port-Vendres (port Pierre Méry à Paulilles)... jusqu'aux arènes de Collioure qu'un médecin parisien se propose de bétonner dans le cadre d'un luxueux programme immobilier.

A Torreilles, le jeune maire, Louis Carles, a à cœur de réaliser son projet «Torreilles 2», qui permettrait selon lui de créer un nouveau centre ville avec commerces, hôtels, restaurants, résidences traditionnelles, et ce dans le cadre d'un vaste port de plaisance, entre Agly et Bourdigou, à cent mètres du bord de mer, dans un cadre naturel et tranquille. Une dizaine d'hectares sont concernés par cet aménagement qui ferait passer la capacité d'accueil estivale de Torreilles de 7 500 (nous sommes en 1991) à près de 22 000 touristes... A Collioure, c'est l'investisseur-promoteur Raymond

*(1) Il s'agit du docteur François Bachelot, radiothérapeute de profession, né le 19 avril 1940 au Mans (Sarthe), qui exerce au centre anticancéreux de Saint-Cloud (Hauts-de-Seine). Il fût député du FN de 1986 à 1988 élu dans le département de la Seine-Saint-Denis. Il a quitté la vie politique, après avoir démissionné du FN suite aux propos tenus par Jean Marie Le Pen et son jeu de mot sur Michel Durafour en septembre 1988. Il a récemment publié un livre sur les éléphants animaux - «Eléphants des armées, de la gloire à l'oubli », aux éditions de l'Harmattan - qui l'intéressent depuis les années 70. Il a été le beau frère de Roselyne Bachelot-Narquin, née Narquin ministre de la Santé du gouvernement de François Fillon depuis le 19 juin 2007.*

Arnaud-Boyenval, auquel on doit déjà les résidences «Les Impériales», sur la route de Port-Vendres, et «Les Rocades», à l'entrée de la Perle de la Côte-Vermeille, qui soutient un projet de réhabilitation «en béton» des arènes de Collioure. Pour cela Raymond Arnaud-Boyenval s'est entouré des services de son beau-frère, le docteur François Bachelot (1), et d'un architecte de renom,

Athanasé Kartsonas (lauréat en équipe avec Sylvie Blanchet du concours Opéra-Bastille). Le projet : logements haut-de-gamme, complexe hôtelier, espace médical (avec le tout-premier centre anti-vieillissement de France à l'époque), boutiques, salle de spectacle, salle de sport, marché provençal... 15 000 $m^2$ de terrains concernés, 10 800 $m^2$ de surfaces constructibles dont 2 800 $m^2$ d'habitation et 4 500 $m^2$ pour le complexe hôtelier, 800 places de parking... Avec la promesse de créer une centaine d'emplois, soit 12% de la population active en 1989 lorsque le projet a été présenté pour la première fois... Coût total : 6 milliards de centimes (9,1 millions d'euros). Cerise sur le gâteau : les promoteurs ont prévu la reconstitution du trajet d'Hannibal, dont l'armée et les quarante éléphants furent regroupés à Collioure, qui était à ce moment-là le port d'Elne, après la traversée des Pyrénées. Cette reconstitution s'appuie sur le jumelage des principales villes de ce périple à Collioure... Une statue d'éléphant, ancrée dans un socle, servira de rond-point au projet !

A Collioure, toujours, un autre rêveur réussi à séduire la presse locale avec le projet d'un port de plaisance de 448 anneaux, la construction de 4 500 $m^2$ de commerces attenants, ainsi qu'un luxueux complexe hôtelier d'une cinquantaine de chambres, le tout dans l'anse des Batteries, à la sortie du village en direction de Port-Vendres. La protection de ce projet serait assurée par l'édification d'une digue longue de 350 mètres, établie sur des fonds allant jusqu'à 20 mètres.

A Argelès-sur-Mer, le port est sorti du sable. *«C'est le dernier port des Pyrénées»*, assènent des kilomètres de slogans publicitaires : la première ZAC en phase d'achèvement, et qui concerne vingt-cinq hectares, soit un tiers du projet, affiche une santé commerciale explosive : 80% des 250 logements mis à la vente depuis Pâques 1988, avaient déjà trouvé acquéreur au printemps 1989... Le lancement de la deuxième tranche - 800 logements prévus sur deux ans - est annoncé. Cinquante commerces sont vendus en un mois ! Le succès est immédiat. La seule réalisation du port représente un investissement de 60 millions de Francs (9,1 millions d'euros).

A Port-Vendres, c'est Jean-Claude Méry (1), qui veut faire son «Port-Grimaud» (2) dans la rade de Paulilles, sur la route de Banyuls-sur-Mer : en contre-bas du village de Cosprons, dans une anse entourée de coteaux de vignes, il ambitionne de faire fleurir en hommage à son père, Pierre Méry, des résidences-marinas de luxe avec appontements (500 anneaux prévus)... Le site naturel de Paulilles ne peut être dissocier de l'usine Nobel (les Poudreries Réunies de Belgique), implantée sur l'ensemble du domaine. Nobel commence a y produire de la nitroglycérine (c'est à ce moment là, la première usine de dynamite en France) et des produits manufacturés en caoutchouc (pneus, tuyaux...), de 1870 à 1984 jusqu'à 300 employés y ont travaillé en même temps et ont été logés sur le site, dans les années 1900. Le domaine vivait alors en quasi autarcie avec son église, son école, sa coopérative... et son potager ! C'est très précisément le 8 avril 1990 que Jean-Claude Méry signe le sous-seing privé qui conclut à la vente à terme des terrains de Paulilles, à la

---

*(1) Jean-Claude Méry, promoteur et membre du Comité central du RPR, est décédé d'un cancer en 1999. Il avait été incarcéré en 1994 dans l'affaire des HLM de la Ville de Paris. Il laisse une confession enregistrée en 1996 sur cassette vidéo (face à la caméra d'Arnaud Hamelin) et dans laquelle il avouait être le maître d'œuvre du financement occulte du parti de Jacques Chirac, le RPR. Jean-Claude Méry avait reçu mission d'assurer le financement des activités politiques du RPR en collectant des fonds notamment auprès des entreprises fournisseuses de l'OPAC (Office public d'aménagement et de la construction / HLM).*

*(2) Face à une forte opposition populaire et la mobilisation de toutes les associations écologistes, le projet Port-Pierre Méry en Côte Vermeille est tombé à l'eau ! Jean-Claude Méry avait acquis les 32 hectares du territoire «ancienne usine Nobel» en 1988. En 1994, c'est une filiale de la Générale des Eaux qui récupère la mise avant de céder le site ensuite, en 1998, au Conservatoire du Littoral. Aujourd'hui, grâce à un partenariat unique et original avec le Conseil général des Pyrénées-Orientales, sous l'impulsion de son président Christian Bourquin, c'est devenu un site d'agrément, souvent cité comme étant une réhabilitation exemplaire qui consacre la renaissance d'un site exceptionnel, chargé d'une mémoire industrielle, mais qui recouvre là des valeurs écologiques et paysagères. Un véritable kaléidoscope végétal.*

société civile immobilière Port-Pierre Méry, en présence de Bernard Huebert, PDG de la société Nobel Explosifs France. Le montant de la transaction s'éléve à 27 millions de Francs (soit environ 4,2 millions d'euros) pour les 32 hectares.

Avant et pour en arriver là, Jean-Claude Méry a arrosé tout le monde. Il a déjà sponsorisé à Port-Vendres : le basket, le théâtre, la pétanque, le jeu lyonnais, le club d'aviron... il a fait venir à Port-Vendres le gotha de la musique, de l'art lyrique en particulier... et il reçoit à sa table ouverte au restaurant «Les Tamarins», beaucoup de gens d'horizons divers. C'est l'époque où Jean-Claude Méry débarque à Port-Vendres en hélicoptère, avec un chauffeur qui l'attend au volant d'une limousine (Renault 25 Baccara, toute en cuir et ronce de noyer), stationnée sur la pelouse du stade de rugby (avec calicot officiel de la mairie de Paris sur le pare-brise) sans oublier ses deux gardes du corps... et son bureau de 200 $m^2$ à deux pas de l'Obélisque.

Jean-Claude Méry voulait faire de Port-Vendres la deuxième ville du département grâce à son projet. Pour cela, il n'a négligé aucun moyen, allant jusqu'à faire construire une maquette de 81 $m^2$ reprenant entièrement son projet afin que la population puisse juger sur pièce. Coût de l'opération : 2 millions de Francs (soit environ 305 000 euros) ; études annexes comprises.

Mais Jean-Claude Méry ne s'arrête pas là : il offre aux pompiers de Port-Vendres la plus belle des échelles : 80 000 Francs (soit environ 12 200 euros). Il sponsorise en août 1989 le championnat d'Europe de «first class 8» (trophée Veuve Clicquot) pour 500 000 Francs (soit environ 76 200 euros), qui aligne 57 bateaux et rassemble plus de 600 skippers et accompagnateurs dans le site de Port-Vendres.

- «*Je suis un aménageur, pas un promoteur*», s'évertue à rappeler Jean-Claude Méry devant les journalistes, en insistant à chaque fois sur le fait que son projet - port de plaisance de 470 anneaux, hôtels, logements, implantations d'activités industrielles et commerciales, parking de 1600 places... - dont les investissements totaux avoisinent les 400 millions de Francs (soit environ 61 millions d'euros) vont permettre, affirme-t-il, «*de créer 700 emplois*».

Ce projet, il le veut «*en mémoire de mon père, ancien officier de port à Casablanca (Maroc). Une fois tous les deux ans, nous revenions en France avec la famille, en mettant le pied à Port-*

*Vendres. Un point d'ancrage cher à notre cœur...»*.

Plus tard en octobre 1994, un ex-ambassadeur de France au Liban, Paul-Marc Henry, projette la création d'un complexe «Convergences Méditerranée» dans l'anse de Paulilles. Mais celui-ci connaîtra le même sort que celui présenté précédemment par la SCI «Port-Pierre Méry» : rejeté par l'Etat.

A côté de ces vastes enjeux, aux dimensions parfois démesurées, la présence sur la plage de Saint-Cyprien du bar-restaurant «Les Tamaris», qui occupe 293 m$^2$ sur sable, apparaît comme un souci mineur. Et pourtant...

Les élus de la côte sont inquiets, car ils voient leurs ambitions de «grands bâtisseurs» s'éloigner. Ils publient régulièrement des communiqués de presse à la page de leurs chroniques locales, remettant en cause principalement *«l'interdiction absolue de construire dans la bande des 100 mètres longeant les rivages maritimes...»*. La nécessité de réviser entièrement leur POS (Plan d'Occupation des Sols) s'impose à eux. Car il y a urgence à se mettre en conformité avec la loi Littoral. Le 19 novembre 1991, le préfet Jean-René Garnier les réunit tous au Palais des congrès de Perpignan, pour leur demander, en quelque sorte, d'accélérer le mouvement. C'est une réponse au long communiqué que tous les maires, au nom de l'ACCLR (Association des Communes Catalanes du Littoral Roussillonnais), ont publié, le 12 octobre 1991, pour *«exiger* (du représentant de l'Etat dans le département) *des précisions sur la loi Littoral»*.

C'est aussi à ce moment-là que «Les Tamaris» disparaissent définitivement du décor de la plage de Saint-Cyprien.

Trois mois plus tôt, dans le courant de l'été, plus précisément le 23 juillet 1991, c'est le ministre de l'Environnement du gouvernement d'Edith Cresson, Brice Lalonde, qui débarque sur la plage de Saint-Cyprien, à une centaine de mètres du restaurant «Les Tamaris», escorté de plusieurs dizaines de supporters et militants de son mouvement «Génération Ecologie».

Monique Grinard, prévenue de cette visite par une indiscrétion, n'aurait voulu manquer pour rien au monde ce face à face. *«On m'avait dit qu'il entrerait sur la plage au volant d'un bulldozer... Je suis un peu déçue»*. Mais elle est là. Droite toute ! Solide comme un roc. Les yeux révolver.

Venu pour rencontrer les responsables et animateurs des principaux mouvements de défense de l'environnement implantés dans le département, Brice Lalonde se rend successivement à Perpignan, Saint-Cyprien puis Argelès-sur-Mer où il se met à table dans le parc du château de Valmy.

Là, le ministre rencontre des élus locaux - tels Jean Carrère, PS, maire d'Argelès-sur-Mer, Michel Moly, PS, maire de Collioure, Arlette Franco, RPR, maire de Canet-en-Roussillon, Louis Carles, divers-droite, maire de Torreilles, Yves Pietrasanta, GE (Génération Ecologie), maire de Mèze (dans l'Hérault), ou encore Maryse Lapergue (1), GE, - ainsi que des défenseurs roussillonnais de l'environnement, avec à leur tête ce jour-là Marc Maillet, fondateur de la FENEC qui revendique quelque 3 000 membres au travers de 14 associations, et M. Martinez de l'association «Bien Vivre à Saint-Cyprien», accompagné de l'avocat de celle-ci Jean Codognès.

Vers 13h30, pressé par son emploi du temps, Brice Lalonde quitte Argelès-sur-Mer en compagnie du maire de Mèze, Yves Piétrasanta, pour poursuivre sa «croisière» littorale dans l'Hérault où il est également (très) attendu.

Auparavant, dans la matinée, il s'était rendu sur la plage de Saint-Cyprien, où la rumeur avait couru qu'il débarquerait sur le sable au volant d'un bulldozer pour raser le bar-restaurant de Daniel Grinard, «Les Tamaris».

Car depuis la polémique, levée en 1988 par l'association «Bien Vivre à Saint-Cyprien», les diverses procédures qui se sont succédé ont fini par aboutir. Un arrêt de la cour de Cassation, la plus haute instance judiciaire, a été rendue, déboutant les propriétaires de l'établissement et exigeant donc la démolition du bar-restaurant.

Dès la publication de ce jugement, le Préfet a un délai de six mois pour ordonner la destruction du bâtiment.

Brice Lalonde est venu rassurer les militants écologistes sur ce sujet. Face à ses sympathisants et aux médias, il est à la fois ferme

---

*(1) Maryse Lapergue est à l'origine de la création du mouvement Génération Ecologie, en 1990. Journaliste à L'Indépendant de 1981 à 2008, présidente-fondatrice du Club de la presse du Roussillon, elle a été conseillère régionale de 1992 à 1998, 2e adjointe de Jean-Paul Alduy à la mairie de Perpignan (1993-95), elle a créé en 1996 «La Hune» (association de veille environnementale)... En 1996-97, elle a été chargée de mission au sein du cabinet de Corine Lepage, alors ministre de l'Environnement dans le gouvernement d'Alain Juppé.*

et très clair : «*Quand les derniers recours juridiques sont épuisés, la démolition doit s'exercer dans les six mois. Une ligne budgétaire est prévue à cet effet, mais ce serait mieux que le propriétaire démolisse lui-même. Les lois sont faites pour être respectées, sinon on ne les vote pas ! (...). Quand je suis arrivé au gouvernement, il n'y avait aucune volonté réelle de respecter la loi, notre premier souci a donc été de faire prendre les décrets d'application. Maintenant, une jurisprudence doit s'installer avec une interprétation normale de la loi, et lorsqu'il y a litige, c'est la protection du littoral qui doit primer. Cette idée tarde à faire son chemin, mais cela avance, et les associations comme Génération-Ecologie jouent là pleinement leur rôle, en proposant des solutions, en baissant des projets. Nous sommes au départ d'une aventure importante, car trop de béton nuit, les touristes ne viennent plus et les municipalités se retrouvent alors avec des friches touristiques ingérables*».

Pendant que le ministre tient ces propos, la Costa-Brava, dans la province espagnole de Gérone, au sud du Roussillon, affiche plus que jamais complet, avec ses kilomètres d'immeubles en... béton !

Des propos sévères et pourtant jugés ce jour-là insuffisants par Marc Maillet, de la FENEC, qui insiste lui sur «*la complicité des services de l'Etat, lesquels n'ont pas hésité à pourvoir «Les Tamaris» en eau courante et en électricité, alors que manifestement la construction était illégale*».

La rumeur d'un ministre débarquant sur la plage de Saint-Cyprien au volant d'un bulldozer était donc fausse.

Dommage, car persuadée de faire les frais de sa «haute fonction» à l'échelon départemental, dont elle est la 5e vice-présidente, et de servir de prétexte à la «mise-en-bouche» d'un exemple, Monique Grinard a préparé «*de quoi riposter en cas d'agression ministérielle*», prévenant tous les élus que sa détermination «*serait jusqu'auboutiste*» si on l'y poussait.

Brice Lalonde, flanqué d'une centaine de supporters et d'écologistes, s'est tout juste installé à une centaine de mètres de la terrasse du bar-restaurant «Les Tamaris», d'où il déclare : «*Je suis venu, j'ai vu. Maintenant, attendons six mois pour la suite des événements...*». C'est le temps laissé par les juges à Daniel Grinard pour la remise en état des lieux «*bénéficiaires d'une construction irrégulièrement édifiée*».

Monique Grinard, qui arrose de banyuls les rares amis - comme le patron départemental de l'UDF, Michel Berdaguer, conseiller général, et son épouse Marie-Christine - venus la soutenir ce matin-là, dépliant les transats sur le sable comme pour mieux montrer qu'elle occupe toujours le terrain, ne désarme pas.

Elle s'indigne en citant d'autres exemples, où pourtant les hors-la-loi n'ont jamais été inquiétés. Elle le balance à la face des écologistes, très remontée par ce qu'elle considère être un jugement à deux vitesses : «*C'est deux poids deux mesures, selon si vous êtes un puissant ou pas*». En vrac, elle cite, un patron aux bras longs qui a construit sa piscine sur le domaine maritime à Saint-Cyprien, «l'affaire» de Paulilles, à Port-Vendres...».

Et là, d'une manière incroyable, devant les journalistes qui filment, enregistrent et notent la scène, le ministre répond : «*L'affaire Paulilles, connais pas ! Pour l'instant, j'attends que quelqu'un vienne avec un projet, à ce jour je n'ai jamais été saisi d'un quelconque dossier. Je suis tenu au courant des événements par la presse. Je n'en sais pas plus*».

Edifiant. Stupéfiant !

Cette étonnante réponse de Brice Lalonde ne manque pas d'être interprétée, d'autant que le 2 juillet 1991, soit une vingtaine de jours avant la visite du ministre sur le littoral roussillonnais, il avait adressé à Jean-Jacques Vila, maire RPR de Port-Vendres - dont le territoire de la commune abrite le fameux site de Paulilles ; anciennement usines Nobel - un courrier dans lequel on peut lire :

- «*Compte tenu des avis déjà exprimés par la Commission supérieure des sites, sur le site de Paulilles, et de la nature des lieux, il va de soi qu'aucun ministre de l'Environnement n'autorisera jamais un port de plaisance ni un programme immobilier de plusieurs dizaines de millions de mètres carrés à cet endroit...*».

Alors, que cache Brice Lalonde, ce jour-là, lorsqu'il déclare, une vingtaine de jours après avoir écrit cette lettre, «*Paulilles, connais pas !*» ?

A-t-il, depuis, subi des pressions ? A-t-il oublié que Paulilles se trouve sur le littoral des Pyrénées-Orientales, entre Port-Vendres et Banyuls-sur-Mer ?... C'est-à-dire à vol d'oiseau à une poignée de kilomètres de là où il se trouve, sur la plage de Saint-Cyprien...

On ne le saura jamais.

D'autant encore que, un an plus tôt, le 30 avril 1990 très exactement, Brice Lalonde, en tant que secrétaire d'Etat chargé de l'environnement, avait très officiellement pris position sur le sujet : *«le site de Paulilles ne sera pas déclassé. Aucune autorisation ne sera délivrée à ce site majeur sans l'avis favorable des commissions départementale et supérieure des sites... mes services suivent de très prés l'affaire de l'anse de Paulilles»*. C'est l'association de sauvegarde du patrimoine «Charles Flahaut», présidée en 1990 par Agnés Bassouls et le Comité de liaison pour l'environnement roussillonnais (CLERC), placé sous l'autorité de Jean-Jacques Amigo, qui avaient saisi Brice Lalonde sur cette affaire suite à la comparution devant le Tribunal de grande instance de Perpignan de Jean-Claude Méry, accusé d'avoir fait tomber une quarantaine de pins parasols sur le périmétre du site classé de Paulilles, qui va du Cap Béart au Cap d'Oullestrell et jusqu'à la RN 114.

Quelques semaines plus loin, Daniel Grinard démonte «Les Tamaris», non sans le cœur gros, car c'est toute une histoire de sa vie qu'il enterre.

Monique Grinard, sa mère, est venue l'encourager : «N*ous aurions pu poursuivre la mairie, puisque ce sont eux qui nous ont délivré toutes les autorisations administratives. De tous les services impliqués pour ce genre de démarche, nous avions obtenu la conformité. Que ce soit l'hygiène, la sécurité pour un établissement qui reçoit le public, etc, etc. Tout le monde est venu nous voir, nous visiter, avant de nous donner le feu vert... Oui, on aurait pu les attaquer en justice à notre tour, mais j'ai dit à mon fils de laisser tomber, car j'ai vite compris que tout cela était politique*».

Près de vingt années après, Monique Grinard n'en démord pas. Elle campe toujours sur ses positions de 1991 : *«Il fallait un exemple, j'ai servi d'exemple, parce que c'est toujours plus facile de taper sur le plus petit. Comme je n'étais pas riche et que je n'avais aucune relation avec des gens «bien et haut placés» comme on dit, j'étais une proie facile pour inventer tout un symbole dont les écolos ont toujours raffolé... On a voulu me ruiner, tout simplement... Mais cela ne leur portera pas chance. Naturellement que c'était politique. Qu'avec cette affaire, ce n'est pas mon fils, propriétaire du local, qui était visé, mais moi l'élue. J'étais devenue gênante, à la tête d'un gros canton, le plus peuplé du département hors agglomération de Perpignan. De plus, en 1988, lorsque tout a commencé, je venais d'être réélue pour un second mandat de conseiller général... Depuis, puis depuis les municipales, j'étais devenue «la femme à abattre», car des ambitions naissantes se faisaient de plus en plus insistantes sur la Côte-Radieuse. En 1989, Jacques Bouille et Arlette Franco sont respectivement élus à la mairie de Saint-Cyprien et de Canet-en-Roussillon... Dans mon canton ! Alors, j'ai préféré perdre de l'argent, et j'en ai beaucoup perdu dans cette histoire, plutôt que de perdre mon honneur et mon âme... Moi, j'ai toujours bossé dans ma vie. De toute la durée de mes deux mandats de conseiller général, douze ans au total, il ne m'est resté sur mon compte à la fin que 20 000 Francs, deux millions de centimes...*».

A la fin de l'automne 1991, le bar-restaurant «Les Tamaris» a disparu de la plage encore ensoleillée de Saint-Cyprien. «*Sur la plage abandonnée, coquillages et crustacés, qui l'eut cru ?, déplorent la perte de l'été, qui depuis s'en est allé...*».

## Arlette Franco et Jacques Bouille s'installent... et Monique Grinard trinque !

1989 : c'est l'année où tout semble sourire à Arlette Franco (1).

C'est l'année de ses 50 ans, qu'elle porte comme un charme ! Et elle veut faire partager son bonheur avec un grand «B». Tellement elle est amoureuse... de la vie. Elle veut le crier sur tous les toits, chanter la joie d'être aimée et d'aimer, croquer cette vie merveilleuse à pleines dents, par tous les pores de la peau, pour bien montrer que c'est beau d'être une femme à 50 ans.

Cette année là... Elle vient d'être élue maire de Canet-en-Roussillon, réélue à la vice-présidence de la Fédération française de natation (FFN), confirmée à plus d'un titre dans ses fonctions de dirigeante sportive (dont «Meilleur dirigeant sportif français 1989», décerné par l'Académie des Sports). Elle reçoit des tas de distinctions : médailles, premiers prix, bouquets de fleurs... Elle a une devise personnelle, «*Faire face*», dont elle use et abuse avec succès ; une citation préférée, «*Une vie ce n'est rien, mais la vie c'est tout*» ; un acteur préféré, Robert Redford...

C'est l'année où Arlette Franco publie un recueil de 107 poèmes, intitulé «*Les Duvets de L'Albatros*». En fait, dès le départ l'ouvrage de 260 pages n'est pas destiné au grand public et c'est volontairement que son tirage a été très limité. Car l'auteure s'y dépeint avec une intimité rare, inhabituelle dans le milieu des élus. Elle laisse libre-court à ses émotions, à son imagination, à ses sentiments. Elle y parle un peu de mélancolie, beaucoup d'amitié, passionnément de la vie, à la folie de l'amour. Il y a des traces de rire, des soupçons de discorde, de gros moments de doute et d'inquiétude, mais, entre affection et aversion, les choses du

---

*(1) Arlette Franco, née le 1 octobre 1939 à Perpignan, est décédée dans la nuit du 31 mars au 1er avril 2010, des suites d'une longue maladie. Elle avait 70 ans. Elle est morte dans l'exercice de ses mandats de députée UMP des Pyrénées-Orientales et maire de Canet-en-Roussillon.*

quotidien décrites dans ces pages ne sont jamais ennuyeuses. Elle y dresse le portrait d'un homme («*Il avait le regard bleu lavé...*»). Elle y aborde l'impossible désir («*Il aurait eu tes grands yeux doux, mes cheveux noirs à reflets roux, l'enfant que j'aurais eu de toi...*»). Elle y déroule son «moi» : «*Il y a bien sûr Madame le maire qui voudrait tout bien faire (...), Il y a aussi Madame le professeur qui fait bien moins sa classe (...), Il y a encore la mère de Dominique qui doit aimer, sévir, guider (...) , J'allais presque oublier la dame bénévole qui s'occupe de tout, même de natation (...), Il y a aussi la mamie, la abuela, des tonnes de baisers, des wagons de tendresse (...), Et chaque soir, pourtant, il y a moi Arlette, la timide qui crâne, la tendre qui rugit, moi qui ne suis plus moi, pas plus que les quatre autres, moi qui voudrais pouvoir sourire ou bien pleurer, moi qui ne m'aime plus et qui ferme la porte à l'amour, à l'espoir, à l'humble vérité d'ouvrir parfois mes bras pour n'être qu'une femme (...)*».

Elle s'y présente également comme «*l'empêcheuse de tourner en rond*» aux yeux de certains Roussillonnais.

On l'imagine poussant la chansonnette, lors d'un karaoké en famille, reprenant «Ma vie» d'Alain Barrière. Pourtant, ne souriez pas, car c'est toujours cette année-là, en 1989, qu'elle sort un disque. Il s'agit en fait de la face «B» d'un 45 tours, «*Je serai*», mis en musique et interprété par le compositeur lui-même, Jacques Philbert. La pochette s'appuie sur une photo de la plage bondée en été de Canet-en-Roussillon, au loin on y voit la chaîne des Pyrénées, dans un coin en haut à droite la photo du chanteur et, pleine couverture, le titre de la face «A», «*Canet j'Aime*». La chanson «*Je serai*» est justement sortie du recueil de poèmes «*Les Duvets de L'Albatros*». Dès les premiers mots le ton est donné : «*Laisse-moi être là lorsque tu te crois seul, je ferai ciel et vent, et prairie et forêt, laisse-moi t'approcher lorsque tu as trop peur, je serai feu de bois, alcool fort ou café...*». C'est la décennie où les chansons francophones raflent tous les Concours Eurovision de la chanson. Arlette Franco s'y essaye, dans le verbe et le vocabulaire en tout cas. Car cette «galette de vinyle» ne sortira pas des bacs (de sable) de Canet-plage. Elle n'arrivera jamais jusque chez les disquaires de Perpignan. Pas plus qu'elle ne trouvera le moindre écho sur la plage de Saint-Cyprien ou dans les ascenseurs de Saint-Nazaire. A l'évidence, de ce côté-là, Arlette Franco ne connaîtra pas les succès de Charlotte (Julian) et Dani (Graule), deux vedettes de la chanson française originaires des Pyrénées-Orientales. Mais elle pourra dire qu'elle a «enregistré» un disque, elle, devenu un collector parce qu'introuvable.

C'est quand même à partir de 1989, qu'Arlette Franco va collectionner les réussites électorales : les régionales (1992 et 1998), les municipales (1989, 1995, 2001 et 2008), les législatives (2002 et 2007). Elle est sur un nuage. A chaque fois, elle se présente avec l'étiquette RPR. Et ça passe. Pourtant, chez les vrais gaullistes des P-O, chez les vieux de la vieille, elle n'est pas trop aimée. On la trouve même franchement insupportable. Jean-Louis Dolsa, journaliste sportif à Sud-Radio, professeur de Droit du Travail, ne lui fait pas de cadeaux. Un jour, passablement énervé par le comportement d'Arlette Franco, il s'emporte tout en assumant : «*Arlette Franco n'est pas issue de nos rangs gaullistes et, du fait de sa position féminine, elle essaie de s'infiltrer partout. Où était-elle en 1968, 1974 1981 et 1988 ? Où a-t-elle milité ? Quelle nous montre le travail qu'elle a fait... Moi, je ne l'ai jamais vu lors des grands combats où la cause gaulliste était en avant*».

Et la gaulliste historique au plan local qui va en faire les frais s'appelle Monique Grinard. C'est elle qu'Arlette Franco va prendre en grippe, marquer à la culotte, vouer en quelque sorte aux gémonies. Car la lutte, bien que feutrée, sera terrible. Monique Grinard devient à partir des élections municipales de 1989 la bête noire d'Arlette Franco. L'expression «avoir quelqu'un dans le nez» prend ici toute sa dimension. Car Arlette ne peut pas sentir Monique ! Qu'elle craint aussi comme le feu.

Mesurée dans ses propos et dans sa pensée, presque distante avec ce climat «made in mairie de Canet-en-Roussillon», Monique Grinard se borne à répéter : «*Arlette Franco ne peut pas voir les femmes*».

Pourtant, la réalité est là. Sur le territoire de la commune de Canet-en-Roussillon, Monique Grinard est tricarde. Des consignes ont été données par Arlette Franco et ses cerbères du conseil municipal sont chargés de les appliquer à la lettre (bien qu'il n'y ait aucune trace écrite qui aille dans ce sens). Bref, ce que Jacques Coupet n'avait jamais osé faire, voire imaginer, du temps de ses mandats, Arlette Franco le fait.

Monique Grinard n'est plus conviée aux cérémonies officielles locales. Elle a été rayée du listing de la mairie de Canet-en-Roussillon et, lorsque au nom du Conseil général des P-O elle doit faire escale dans l'espace municipal, ordre est donné aux élus canétois de ne pas y assister. Michel Benassis, parce qu'il est un des copains d'école de son fils, est l'un des rares à braver cette interdiction. Ce sera notamment le cas lors de l'inauguration du rond-point Charles-de-Gaulle. Ce jour-là, Michel Benassis rejoint Monique Grinard, laquelle a bien fait de demander à deux autres collègues de l'Assemblée départementale - André Daugnac et Narcisse Planas - de l'accompagner, car ils ne seront que six officiels à être présents pour inaugurer ce qui à l'époque est commenté «*comme le plus beau rond-point du département*». Et elle ironise : «*Ce rond-point Charles-de-Gaulle, il pourrait s'appeler «Charles-Monique» tellement je m'y suis investie !*».

Les exemples comme celui-ci se multiplient. Lors d'une autre inauguration, celle du collège de la Côte-Radieuse, toujours à Canet-en-Roussillon, Monique Grinard n'est toujours pas invitée. Pourtant, parce que la construction des collèges relève de la compétence des Départements (comme les lycées de celle des Régions), c'est elle qui a suivi de très près le chantier, sans compter son temps. Prévenue, elle décide quand même de s'y rendre, peu importe si elle n'est pas à la tribune, cela ne l'a jamais dérangé «*d'être mêlée au peuple. C'est encore là où je me sens le mieux quand je vois ces brochettes d'élus qui se chamaillent et se montent sur les pieds pour être devant les paparazzis*».

Elle n'est jamais invitée, et elle sait que désormais elle devra faire «avec».

L'humiliation, même si elle dit «*plutôt en rire qu'en pleurer*», c'est de devoir décliner son identité, à chaque fois qu'elle arrive à une manifestation officielle qui se déroule à Canet-en-Roussillon. «*J'avais toujours une ou un ami(e) qui me prévenait. Alors, si c'était une commémoration, je commandais une gerbe à mon fleuriste, que je payais avec mes deniers, et je la déposais puis je repartais. A l'entrée de chaque cérémonie, j'étais obligée sans arrêt de m'excuser car je n'avais pas de carton d'invitation. Je venais avec mes «coco-boys», nous écoutions les discours, puis nous repartions sans boire un coup, nous ! Quand on me tendait un verre, je disais «non, nous n'avons pas été invités, et puis on n'est pas des budgétivores... On ne voudrait surtout pas amputer le budget de la ville». Et on quittait les lieux. On partait faire la bringue à «La Petite Brasserie», un bar-restaurant sympa situé sur la place Méditerranée. Tout le monde nous voyait. On faisait exprès de faire grand bruit pour montrer à tous qu'on s'amusait bien de leurs enfantillages. D'ailleurs, quand la cérémonie était terminée, qu'ils ressortaient tous, nous on continuait de bringuer... Jamais je n'ai été invitée».*

Dès son élection à la mairie de Canet-en-Roussillon, Arlette Franco s'efforce de faire en sorte d'effacer le nom de Monique Grinard - ainsi que celui de son prédécesseur dans le fauteuil de premier magistrat, Jacques Coupet - des plaques inaugurales qui sont accrochées à l'entrée de bâtiments publics. Elle y mettra la même hargne et le même talent, y dépensera la même énergie, que pour faire sortir du sable le lycée («Rosa Luxemburg») de sa ville.

A Saint-Cyprien, le nouveau maire, Jacques Bouille (1), RPR, n'est guère plus tendre envers Monique Grinard.

A l'inverse d'Arlette Franco à Canet-en-Roussillon, plutôt que de lui mettre systématiquement des bâtons dans les roues, Jacques Bouille va jouer la carte de l'indifférence à son encontre. Il l'ignore. Mais, en coulisse, les coups-bas fleurissent. Comme cet épisode avec la prestigieuse association Saint-Cyprien Danse.

A l'époque, Monique Grinard a réussi à obtenir une subvention du Conseil général pour ladite association.

Lors du traditionnel spectacle de fin d'année offert par les élèves et leurs professeurs, comme elle le fait tous les ans, elle répond favorablement à l'invitation des responsables de Saint-Cyprien Danse.

Arrivée sur les lieux, elle s'apprête à gagner la tribune pour le discours des vœux qui précède le spectacle. A cet instant, une dirigeante la rejoint et, particulièrement gênée, lui glisse dans le creux de l'oreille : «*Je regrette Mme Grinard, mais cette année vous ne pourrez pas monter sur l'estrade, car le nouveau maire s'y oppose. Il a menacé de ne plus mettre cette salle municipale à notre disposition, si nous vous faisions monter*»... Monique Grinard, blindée de ce

---

*(1) Jacques Bouille est décédé en détention provisoire dans la nuit du 23 au 24 mai 2009, dans une cellule du quartier d'isolement de la prison Mailloles, à Perpignan. On l'a retrouvé pendu aux barreaux de sa cellule avec la ceinture de son peignoir. Il était âgé de 62 ans – il était né le 2 novembre 1946 à Latour-Bas-Elne – et était incarcéré depuis le 17 décembre 2008, dans le cadre d'une enquête pour «prise illégale d'intérêt, blanchiment lié à la corruption, corruption active et passive, ingérence et favoritisme». Au centre de cette enquête : l'achat d'œuvres d'art par la commune de Saint-Cyprien, en 2006 et 2007, aujourd'hui introuvables. Thierry Del Poso, avocat perpignanais, a été élu maire (tendance politique UMP/ Nouveau Centre) de Saint-Cyprien en septembre 2009. Avec la chef-de-file des conseillers municipaux d'opposition socialistes de Saint-Cyprien, Marie-Pierre Sadourny-Gomez, ils sont ceux qui ont dénoncé le scandale.*

côté-là, elle commence à en avoir l'habitude, dit à son interlocutrice «*comprendre totalement la situation, et ce d'autant mieux que le Conseil général n'a pas, lui, de salle à offrir. Ne vous inquiétez pas, je vais aller m'asseoir parterre s'il le faut, car ce qui compte c'est votre association, que le Conseil général continue à vous aider, que la Ville de Saint-Cyprien continue à vous accueillir dans sa salle municipale... Vous savez, pour monter sur une estrade et rester les bras croisés, il vaut mieux que je sois en-bas pour vous applaudir*».

Monique Grinard n'est pas au bout de ses peines. Ni de ses surprises. A Canet-en-Roussillon comme à Saint-Cyprien, elle est persona non grata.

Elle ne s'en offusquera jamais en public, pas plus d'ailleurs qu'elle ne s'en plaindra devant les journalistes. Elle préfère prendre cela comme un divertissement. L'essentiel, pour elle, c'est que le boulot se fasse. «*C'est que je fasse mon devoir, tout simplement, que je remplisse les fonctions du «job» de conseiller général*». Ces nouveaux obstacles qui se dressent devant elle ne lui font pas peur. «*Pure mesquinerie !*», déplore-t-elle, totalement confiante qu'elle est dans son électorat.

Il est exact aussi que la majorité des élus de la Côte-Radieuse entretient de très cordiales et suivies relations avec elle, à l'exception donc, il semblerait, de deux d'entre eux.

Elle sait aussi que ces deux-là, Arlette Franco et Jacques Bouille, ne peuvent pas se voir en peinture. Qu'ils se détestent mutuellement. Et franchement. Car le maire de Canet-en-Roussillon et le maire de Saint-Cyprien visent les mêmes ambitions politiques : le canton (qui n'a toujours pas été redécoupé à ce moment-là) et la députation «of course» ! Tous les deux, déjà, sous le regard amusé et gourmand de Monique Grinard, se crêpent le chignon pour contrôler la section locale du RPR. L'enjeu final, c'est la circonscription.

C'est à qui alignera le plus grand nombre de militants. Ils font signer des cartes d'adhérents à tours de bras, jusqu'au bout de la nuit : à la patronne d'un établissement nocturne, l'un des deux maires propose de faire adhérer tout son personnel ; en échange la municipalité mettra à la poubelle tous les courriers des «anti-bruit» et fermera les yeux sur les dépassements d'horaires... «*Bientôt, si l'on continue sur ce rythme, il y aura plus de cartes RPR en circulation que d'habitants dans le canton !*», prévient un militant chiraquien qui trouve «*ce petit jeu extrêmement dangereux*».

Rue de l'Ange à Perpignan, où personne n'est dupe, au siège de la fédération départementale du RPR, on ferme les yeux, comme si on était loin, très loin, de toutes ces gesticulations et formes de fraude, de tricherie ou de chantage. Car, pendant ce temps, les supporters d'Arlette Franco et ceux de Jacques Bouille s'affrontent sur le terrain. C'est à qui couillonnera le plus l'autre. Les ressentiments et rancœurs s'installent. Il ne s'agit plus de simple susceptibilité, mais bien d'une atmosphère de «vendetta». Dans les deux camps. Un vrai micmac, alors que bientôt il faudra recoller les morceaux pour aborder des échéances électorales. Mais l'un(e) comme l'autre savent qu'ils peuvent compter sur leur électorat communal. Alors, le combat peut continuer, l'important étant de placer le maximum de pions pour avancer en profondeur sur le territoire de l'autre.

Mais Monique Grinard tient la corde solidement en main, pour l'instant grâce à la fibre militante. Ainsi, le vendredi 26 avril 1991, en soirée... sur 113 militants du RPR qui s'étaient déplacés à «l'Ecoute du Port» à Canet-plage, pour élire leur nouveau délégué cantonal, 85 ont voté pour Monique Grinard. Il faut préciser qu'Arlette Franco, maire de Canet-en-Roussillon, tout comme la plupart des élus de la chiraquie canétoise, ont soutenu ce jour-là la candidature de la vice-présidente du Conseil général. Par stratégie de clochers ? Car l'opposition, minime certes et du bout des lèvres, est venue de Saint-Cyprien où un autre candidat, Pierre Fontvieille, qualifié de «*laquais en chef de Jacques Bouille*» par ses détracteurs, n'a rassemblé sur son nom qu'une vingtaine de suffrages. Il prétendait lui aussi à la succession de Marie-Antoinette Bouille, l'épouse du maire de Saint-Cyprien, au poste de délégué cantonal du RPR.

Monique Grinard en profite pour persévérer dans l'initiative, puisque pour elle le champ est actuellement libre. Que ce soit sportivement au Mas des Capellans, à Saint-Cyprien, ou pour le déblaiement du château vicomtal de Canet-en-Roussillon, elle fait durer le plaisir. Ce n'est pas le moment de flancher. Pied à pied, jouant d'adresse et de finesse, elle s'y prend fort bien.

C'est depuis Perpignan qu'elle entend habilement conforter ses positions. Elle assiste à un maximum de cérémonies : Centre méditerranéen de littérature (CML), Veuves civiles, Lion's, fédération nationale des conseils juridiques et fiscaux, Centre de formation des sauveteurs, Scouts et Eclaireurs de France, concours des Jeunes scénaristes méditerranéens, festival Confrontation... Elle est de tous les congrès, participe aux stages, assemblées et autres remises de fourragères.

Mais ce qu'elle entend parfois sur le terrain l'émoustille, la dérange, la contrarie. Alors...

Le 22 avril 1993, elle écrit quand même la lettre suivante à Jacques Bouille :

- «*Monsieur le Maire, Elue conseiller général de la Côte Radieuse, depuis 11 ans, j'ai eu, en permanence, d'excellentes relations avec tous les maires de mon canton, quel que soit leur ancrage politique. En particulier avec votre prédécesseur, Monsieur Olibo, nous nous tenions en mutuelle estime.*

*Je n'ai jamais négligé de dossier transmis par une collectivité locale et je m'occupe de nombreux cas personnels.*

*Avec vous les choses sont différentes et depuis plus de deux ans, vous me tenez à l'écart de toutes manifestations officielles que vous organisez, deux exemples récents pour l'année en cours : je n'ai pas eu l'honneur d'être invitée ni aux vœux pour la nouvelle année, ni au dernier Salon nautique.*

*Je suis membre de droit de la Commission portuaire et je ne reçois plus de convocation.*

*Les seules manifestations auxquelles j'ai eu l'honneur et le plaisir d'assister sont le fait d'invitation de présidents d'associations ou de particuliers.*

*Je ne voudrais pas que la population de Saint-Cyprien pense que je la néglige ; c'est la raison pour laquelle je souhaitais - en vain - vous rencontrer depuis deux ans !... et connaître les raisons de cette attitude. L'occasion m'en a été donnée, ce dimanche 18 avril 1993, lors de la réunion des «Médaillés Militaires», où j'avais été invitée.*

*A ma demande, votre réponse concernant l'état de nos relations a été nette : «Si je ne suis pas invitée à vos manifestations, c'est que je fréquente des gens qui ne vous conviennent pas». A Saint-Cyprien, Monsieur le Maire, je côtoie de nombreuses personnes et beaucoup sont mes amis... mais ce qui est bon pour moi, c'est clair, ne l'est pas pour vous.*

*Ce que vous oubliez, c'est que parmi ces gens soi-disant peu fréquentables, nombreux sont ceux qui vous ont apporté leurs suffrages pour votre élection à la Mairie. Ils apprécieront vos propos, pour l'avenir.*

*Je sais que dans votre droit de réponse, vous écrirez, comme vous me l'avez déjà dit, que je n'ai aucune preuve de ce que j'avance.*

*Mais je n'en ai pas besoin, car dans cette situation qui perdure, nombreux sont les témoins, présidents d'associations ou autres, qui se sont vus menacés si, en m'invitant, ou me faisant quelque honneur, ils outrepassaient vos consignes. Je pense que la raison est toute autre, et que ma présence vous gêne pour certaines élections à venir. Comme vous savez que je n'ai aucune ambition pour les municipales de 1995, j'imagine qu'il s'agit d'échéances plus proches : en 1994, par exemple. Un proche avenir nous dira si je me trompe et ce dont il s'agit.*

*En vous priant de bien vouloir agréer, Monsieur le Maire...*».

Et, cette fois-ci, la conseillère générale de la Côte-Radieuse ne va pas se gêner pour communiquer. Cette lettre, elle l'adresse à chacun des conseillers municipaux de Saint-Cyprien, ainsi qu'à toutes les associations de Saint-Cyprien. Elle se réserve le droit, selon la réponse de Jacques Bouille (qu'elle prévient au bas de cette correspondance), d'en envoyer un exemplaire à la population de Saint-Cyprien et aux médias. La seule et unique réponse de Jacques Bouille à Monique Grinard sera : les élections cantonales de l'année prochaine. Monique Grinard avait donc bien vu.

## Chapitre IV

# Plus près du perchoir

En dépit d'une certaine constance dans ses malentendus, infortunes diverses, frasques et autres incartades avec les nouveaux maires de Canet-en-Roussillon et Saint-Cyprien, dont l'arrogance à son égard est parfois sans limites, Monique Grinard résiste bien à l'air du temps.

Peu lui importe qu'Arlette Franco et Jacques Bouille lui savonnent la planche avec outrecuidance, ne doutant de rien, Monique Grinard prend cette situation avec une certaine philosophie et, surtout, à la rigolade. Pourtant, elle aurait de quoi en avoir par-dessus les oreilles «de tout ce cinéma» qui, quelque part, aurait pu lui taper sur le système et la faire tourner en bourrique. Elle préfère afficher une mine d'indifférence, de détachement. Ce n'est pas sa tasse de thé.

Elle, tranquille et efficace, poursuit sa route, va sur tous les fronts, apte à toutes les situations. On peut même dire que, pour elle, les années 90 démarrent en fanfare.

Que ce soit avec Monique Ormières, pour l'aider matériellement et médiatiquement dans son refuge «SOS-Animaux» près de l'aéroport de Perpignan-Rivesaltes. Que ce soit avec l'association départementale des Veuves civiles. Que ce soit avec des petits plaisantins qui l'invitent à l'inauguration de la Commune libre de Canet-sud (une initiative qui déplait fortement à Arlette Franco), dont elle devient l'unique, au sens propre comme au sens figuré, «citoyen d'honneur» (1). Que ce soit sur le port de Saint-Cyprien, pour l'ouverture de la 2e édition du salon nautique, qui s'inscrit dans le cadre des Journées nationale du Bateau où, aux côtés d'Anne

---

*(1) C'est Jacques Laurent, personnage fantasque et imprévisible, autoproclamé «maire de la commune libre de Canet-Sud», qui accorde à Monique Grinard le statut de «Résidente d'Honneur», lors d'une cérémonie fantaisiste qui se déroule sur la terrasse d'un café à Canet-Sud, le lundi 13 août 1990 à 18h30. Parmi les invités, il y avait même l'accordéoniste Aimable (en résidence secondaire dans le coin) et celle qui a bâti Canet-Sud en y installant en tant que propriétaires une foule de célébrités, Nicole Huc, agent immobilier.*

et Patrick Lemeur, chevilles ouvrières de cette manifestation, en présence du docteur-maire Jacques Bouille, elle coupe le ruban. Pour une rare fois, dans le cadre d'une cérémonie inaugurale sur le territoire de la commune de Saint-Cyprien, Monique Grinard n'a pas été snobée ! Nous sommes à la mi-avril 1992.

C'est qu'à ce moment-là, madame la conseillère générale de la Côte-Radieuse a pris du galon. Elle vient d'être élue 4e vice-présidente de l'Assemblée départementale. Elle est désormais ancrée juste en-bas de la première marche du podium «présidentiel», à l'issue des élections cantonales des 22 et 29 mars 1992 qui ne la concernaient pas... directement.

C'est à l'occasion de ce scrutin, que Jean-Paul Alduy - fils de Jacqueline Alduy, maire UDF d'Amélie-les-Bains/ Palalda et conseillère générale du canton d'Arles-sur-Tech et Paul Alduy, sénateur-maire UDF de Perpignan - met les pieds dans la politique départementale. Il est candidat avec la bénédiction parentale sur le canton Perpignan I (Haut-Vernet) : «*J'ai choisi le Haut-Vernet pour aller à la rencontre des Perpignanaises et des Perpignanais ; connaître et me faire connaître ; écouter et débattre ; comprendre et proposer ; agir (...). Ce choix n'est pas le résultat de calculs politiciens, ni de compromis d'appareils de partis ; c'est le choix volontaire d'un homme de service public prêt à se consacrer à un territoire où se joue plus qu'ailleurs l'avenir de Perpignan, son avenir économique (Polygone-Nord, zone d'activités de Torremila, etc), son avenir sanitaire (futur hôpital) et sa cohésion sociale. Là, plus qu'ailleurs, aux portes de la ville, il nous faut tous ensemble refuser la fatalité du déclin, de l'insécurité, de l'exclusion ; il nous faut à la fois l'ambition de grands projets et la modestie pugnace de l'action quotidienne pour améliorer l'équipement, le cadre de vie, l'emploi (...). J'ai choisi le Haut-Vernet pour être à vos côtés ; on ne subit pas l'avenir : on le construit !*».

Son plus farouche adversaire politique, à ce moment-là - car depuis les deux hommes se sont retrouvés aux côtés, dans la même liste aux municipales partielles de Perpignan en juin 2009 - se nomme Richard Puly. Il est âgé de 40 ans, marié et père de deux enfants, et surtout c'est un «enfant du quartier», restaurateur aux commandes du «Bon Coin», où il a pris la succession de sa grand'mère, Madeleine Belli. Et, comme Jacqueline, Jean-Paul et Paul Alduy, il est membre de l'UDF. Sa réaction à cette candidature

«Alduyiste» supplémentaire a le mérite d'être claire : «*La différence entre Jean-Paul Alduy et moi, c'est que lui veut se servir du Vernet pour avoir ensuite la mairie, alors que moi, je veux servir le Vernet*».

Le soir du premier tour, Jean-Paul Alduy arrive en tête, avec 1 362 voix (soit 28,16% des suffrages exprimés), distançant très nettement Richard Puly, qui obtient 894 voix (18,49%). Entre les deux, le candidat du FN, M. Dayre, vient jouer les empêcheurs de tourner en rond, avec 1 112 voix (22,99%). Huit autres candidats réalisent chacun un score inférieur à 10%.

René Marquès, UDF, président du conseil général, déplore : «*Ces élections n'ont pas été une bagarre d'idées. C'est dommage*». Lui-même, loupe sa réélection dans le canton de Saint-Laurent-de-la-Salanque dès le premier tour, de moins de 2% des voix ! Pour se consoler, il réagit sur les élections régionales qui se tiennent le même jour : «*Nous avons joué un jeu loyal, et je regrette personnellement le score de Paul Blanc (Qui dirige la liste d'union UDF-RPR, l'UPF, dans le département), qui méritait mieux que 28%. Nous avons soutenu cette liste, j'ai même participé à la grande messe de la chapelle Saint-Dominique, à Perpignan*».

Paul Alduy est lui ravi du score qu'il qualifie de «*surprenant*» de son fils : «*Les portes de la mairie lui sont désormais très largement ouvertes*».

L'autre plus grosse surprise de ce premier tour des cantonales de 1992, c'est la défaite, dès le dimanche 22 mars, de Michel Berdaguer (1), patron départemental de l'UDF (sur le papier en tout cas) et conseiller général sortant sur le canton Perpignan III (Cabestany). Il est laminé et, on ne le saurait moins à sa place, très en colère : «*Merci MM. Alduy et Farran ! Je suis très amer... Merci M. Alduy ! Je suis très déçu. On a cherché à me tuer politiquement sans se rendre compte que j'ai toujours été loyal, moi. Je ne me suis jamais trompé d'adversaire, moi ! J'ai toujours été loyal avec la majorité municipale de Paul Alduy, à Perpignan, avec la majorité*

---

*(1) Michel Berdaguer né le 22 octobre 1942, à Toulouse ; décédé le 19 avril 2006 à Saint-Génis-des-Fontaines, commune dont il a été le maire de 1995 jusqu'à sa mort. Auparavant, Michel Berdaguer a été conseiller municipal de la Ville de Perpignan, de 1983 à 1989, puis adjoint de Paul Alduy, de 1989 à 1993, conseiller général des Pyrénées-Orientales de 1985 à 1992. Il a été également président de la fédération départementale UDF des P-O, chargé de mission à l'échelon national pour le PR (Parti Républicain), l'UDF et le PPDF.*

*départementale de René Marquès, au Conseil général des Pyrénées-Orientales. Deux majorités qui sont constituées à partir de l'UDF et du RPR. D'autres, à partir d'aujourd'hui, devraient se méfier, car je ne suis pas le seul homme à abattre. Le prochain sur la liste, je vous livre son nom, c'est Claude Barate... Tout cela est lamentable. Il est clair que je paie sur Cabestany ma rupture avec Jacques Farran, puisque j'ai la preuve qu'une association et ses élus mêmes, qui prétendent défendre la droite, ont tout fait, comme otages de Jacques Farran, pour me déstabiliser. En jouant aux apprentis sorciers, ils sont aujourd'hui discrédités*».

Dans ce canton Perpignan III, c'est le candidat du Front National (FN), Jany Beille, qui est arrivé très légèrement en tête, avec 1 582 voix (soit 24,49% des suffrages exprimés), devant le maire communiste de Cabestany, Jean Vila, qui le talonne avec 1 547 voix (23,94%). Loin derrière : Michel Berdaguer, UDF, conseiller général sortant, 994 voix (15,38%) ; Marcel Zidani, qui avait décroché l'investiture de l'UPF, 951 voix (14,72%), baptisé par Michel Berdaguer «*le porteur d'eau de Farran* (1)»... Ils étaient 9 candidats au total à se présenter pour briguer ce canton.

Le second tour arrive. Le dimanche 29 mars 1992, Jean-Paul Alduy entre officiellement en scène. Les résultats sont sans appel, même si entre les deux tours Richard Puly a fait une remontée spectaculaire, pour se rapprocher à seulement 200 voix du but : Jean-Paul Alduy 1 797 voix (40,35%) ; Puly 1 578 voix (35,43%) ; et Dayre pour le FN 1 079 voix (24,22%).

Dans le canton Perpignan III, les observateurs sont unanimes pour souligner la belle et large victoire du maire communiste de Cabestany, Jean Vila : 56,30% des suffrages exprimés.

A l'arrivée de ces cantonales, le RPR perd deux cantons : celui de Mont-Louis, où le divers-gauche Raymond Trilles prend la succession d'Antoine Sabaté-Bigorre, et le canton Perpignan I (Haut-Vernet), où Jean-Paul Alduy remplace Aimé Coder.

La nouvelle répartition au sein de l'Assemblée départementale des Pyrénées-Orientales, est de : 2 élus pour le PCF, 6 pour le PS,

---

*(1) Marcel Zidani, aujourd'hui conseiller municipal (parti radical / UMP) de la Ville de Perpignan, exerçait alors la profession de VRP-directeur commercial pour une marque apéritive (anisette), très connue...*

1 pour le MRG, 1 DvG, 8 pour l'UDF, 7 pour le RPR, 1 DvD et 4 sans étiquette.

En attendant le troisième tour, programmé pour le vendredi 4 avril 1992, la rumeur prête déjà des ambitions pour le perchoir à Paul Blanc, Jean-Paul Alduy et Henri Sicre (député-maire PS de Céret et conseiller général). Il n'en sera rien.

Le 4 avril, René Marquès est réélu en 9 minutes. Record historique. Pas une des 20 voix de la majorité départementale UDF-RPR n'a manqué au président qui est reconduit dans ses fonctions dès le premier tour.

Et l'on retrouve autour de lui : Paul Blanc (1er vice-président), Jacqueline Alduy (2e), Joseph Calvet (3e), Monique Grinard (4e), Henri Soler (5e), Alain Marti (6e), Jean Rède (7e), Michel Ey (8e), Jean-Luc Malé (9e) et Pierre Gaspard (10e).

Un élu, ou plutôt une élue, a dans ce nouvel organigramme, une ascension fulgurante, et c'est pourtant une RPR que René Marquès, UDF, place sur orbite : Françoise Barate. Elle occupe la questure, toute-seule, alors que jusqu'à présent ils étaient deux élus à se la partager.

Mieux encore : Françoise Barate hérite de la très influente commission départementale des Affaires sociales ; l'un des secteurs clés dans les orientations du Conseil général des P-O. A ce poste stratégique de présidente des Affaires sociales, elle succède à Paul Blanc.

Immédiatement, elle s'entoure d'un autre RPR, André Comaills, et d'un ami qui vient d'être élu sur le canton Perpignan II (Saint-Jacques), le docteur Bernard Nicolau.

Pendant la mise en place des diverses commissions, le public, nombreux, peut assister à des joutes verbales d'exception...

C'est d'abord Antoine Sarda, PCF, conseiller général du canton de Latour-de-France et maire d'Estagel, qui tire le premier : «*Dans cette «boîte», il faudrait réfléchir*». Réponse de René Marquès : «*Cette «boîte», M. Sarda, est une noble assemblée*».

Puis c'est François Beffara, PS, conseiller général et maire de Millas, qui cogne : «*Ce n'est plus une assemblée départementale, mais un centre médical !*».

François Beffara s'inquiète aussi de la tournure des débats à l'intérieur d'un hémicycle roussillonnais composé, désormais, de quatre médecins - MM. René Marquès, Paul Blanc, Emile Parès et

Henri Soler - d'un chirurgien (Bernard Nicolau) et d'un pharmacien (Jean-Claude Courty)....

C'est Joseph Calvet, conseiller général sans étiquette du canton de Saillagouse, qui se colle à la réponse avec son légendaire accent chantant «made in Cerdagne», que certains continuent d'imiter vingt ans plus tard : *«Au milieu d'une France dirigée par les socialistes et qui ne se porte pas bien, nous ne sommes ni plus ni moins malades que les autres... Dans la convalescence annoncée à partir des thérapeutiques que nous proposent les médecins dans cette assemblée, nous allons reprendre toutes nos forces. J'en suis sûr»*.

Jacqueline Alduy, UDF, conseillère générale du canton d'Arles-sur-Tech et maire d'Amélie-les-Bains/ Palalda, tient également à sa risposte : «*Quel effet cela fait-il de siéger avec son fils ? Ça fait vraiment plaisir. Et comme ce n'est pas une «dynastie», pour reprendre l'expression de certains, je suis certaine qu'il se fera un prénom. Je le sais, pour être moi-même passée par là. Ce n'est pas parce qu'on s'appelle Alduy qu'on doit être élu, qu'on doit passer à chaque fois. On doit d'abord faire ses preuves*».

L'attribution des commissions départementales se poursuit : Jacqueline Amiel-Donat remplace Monique Grinard à la présidence de l'Action économique, emploi et formation ; elle sera épaulée dans sa nouvelle mission par Jean-Paul Alduy et Monique Grinard. Il faut préciser que tous les autres élus du Conseil général sont automatiquement membres de cette commission.

Néanmoins, Monique Grinard conserve la présidence de la commission Littoral, Ports et pêche. Emile Parès est aux Finances,

---

*(1) Michel Ey, agriculteur, est né en 1922 à Saint-Estève (P-O). Il y a toujours vécu et a été maire de son village de 1959 à 1995 (qu'il a porté de 900 habitants à près de 10 000!), ainsi que conseiller général UDF (de 1973 à 1994). Il est unanimement apprécié et considéré comme «le bâtisseur du Saint-Estève des temps modernes», tellement il a développé et façonné sa commune pour l'ancrer solidement dans le futur tout en lui conservant son authenticité. Durant ces trente-six années de mandat, des événements ou des rencontres l'ont touché et lui ont inspiré des poèmes, écrits de façon spontanée et lus en public dans une ambiance conviviale, et dont il a publié un recueil, «Tout est poésie», en 2007 (imprimerie Frag). Michel Ey est décédé le 23 avril 2010. En 1995, quant il décide de se retirer de la scène municipale, c'est Yves Rousselot, RPR, qui lui succède en tant que maire de Saint-Estève. Depuis 2001, c'est le socialiste Elie Puigmal qui est aux commandes de la Ville de Saint-Estève ; il est aussi conseiller général.*

Jacqueline Alduy à l'Enseignement, Joseph Calvet aux Travaux publics et aux Transports, Alain Marti aux Sports, Michel Ey (1) à l'Agriculture, Jean Rède au Tourisme, Jean Galindo à la Recherche et à l'Environnement, Jean-Luc Malé à l'Aménagement du Territoire... Jean-Claude Courty et Bernard Nicolau se disputent et finissent par se partager la Culture. Cinq commissions, sur les vingt-deux, sont attribuées à l'Opposition PS, dont : l'Administration générale à Louis Caseilles et la Planification du XI Plan à René Olive.

Les élus ont prévu de se retrouver le lundi 13 avril 1992 pour le vote du budget.

Dans la presse locale et régionale, tant bien que mal, Jacques Bouille et Arlette Franco, les grands absents de l'hémicycle départemental – même si Arlette Franco vient d'être élue conseillère régionale sur la liste RPR-UDF - essaient, chacun de leur côté, d'envahir l'espace médiatique.

Il suffit que Jacques Bouille annonce des tonnes de projets sur sa commune - l'extension de la capitainerie à l'étroit avec ses 2 200 appontements tous occupés, la création d'une «rambla», la mise en place d'une halle ultra-moderne pour la conservation du poisson... - pour qu'aussitôt Arlette Franco intervienne auprès de certains journalistes sur le ton de : *«J'ai mieux pour Canet, venez me voir je vous dirai tout !»*. La lutte est féroce, chaque commune essayant de tirer la couverture à soi à l'intérieur d'un même territoire cantonal.

Aujourd'hui, l'un comme l'autre doivent se résigner à une certaine évidence : Monique Grinard a de l'avance sur eux. C'est qu'elle a continué à labourer son terrain cantonal de la Côte-Radieuse, à œuvrer dans les différentes communes qui le composent, à être présente en permanence, libre et autonome.

C'est à son aise, sans bride sur le cou, en tenant table ouverte, à coups de sacrifices professionnels et familiaux, avec gentillesse et sincérité, que Monique Grinard a réussi à s'imposer.

# Rue de l'Ange, à Perpignan
# le RPR a le diable au corps

A-t-elle eu une fois de plus un pressentiment ? Car le 22 novembre 1993, Monique Grinard se jette à l'eau : elle est la première à annoncer qu'elle sera candidate à sa propre succession, en mars 1994, lors du renouvellement pour moitié de l'Assemblée départementale.

Peu lui importe si le maire de Saint-Cyprien, le docteur Jacques Bouille, RPR comme elle, en veut également, et si celui-ci a de fortes chances d'être investi à sa place par les instances départementales du mouvement gaulliste, elle confirme, devant la presse, qu'il faudra compter avec elle : «*Avec ou sans investiture, je serai là. Mais je ne me fais aucun souci, car je sais que je peux compter sur de nombreux et fidèles amis au sein du Comité départemental du RPR, seul à être compétent pour l'attribution des investitures*».

Et puis, non sans humour, elle interpelle : «*Je serais étonnée d'apprendre que le parti s'organise pour laisser tomber la seule femme élue du mouvement au sein du Conseil général des P-O. J'ai une absolue confiance*».

En faisant cette déclaration, Monique Grinard «oublie» qu'il y a une autre femme qui siège dans l'hémicycle départemental, et qui a la même étiquette politique qu'elle, Françoise Barate.

Elle termine en disant : «*Si rue de l'Ange, à Perpignan, Claude Barate et Paul Blanc, n'arrivent pas à s'entendre, je peux me proposer pour distribuer les investitures. Je commencerais par la mienne...*».

Quelques jours plus loin, à Canet-en-Roussillon, lors d'une réunion «Tupperware» aux allures d'un meeting électoral, elle récidive : «*Cela ne me dérangerait pas de ne pas bénéficier de l'investiture de mon parti. Mais, très sincèrement, je ne vois pas au nom de quel critère, subitement, les miens qui m'ont toujours soutenu, et qui savent la confiance qui nous honore, décideraient comme ça de m'abandonner. Il faut être sérieux et honnête, mais je ne vais pas en faire une maladie... Avec ou sans investiture je serais candidate, et que le meilleur, ou plutôt en l'occurrence «la meilleure» gagne ! Je vais même «leur» proposer d'instaurer des «primaires» partout... On me prend, on me prend ! ; On ne me prend pas, je rentre chez moi... Mais qu'on ne me fasse pas de misères, car quand on me titille, même si j'ai la réputation d'être gentille, je sais me défendre. Et je ne me laisserai pas faire !»*.

Monique Grinard sait qu'en agissant ainsi elle sème la zizanie dans son parti, entre les pro-Claude Barate, qui lui seraient plutôt favorables, et les pro-Paul Blanc, qui veulent l'éliminer.

Dans son canton de la Côte-Radieuse, les frères ennemis - Jacques Bouille et Arlette Franco, complotent déjà dans son dos et lui taillent des croupières. Ce sont les retrouvailles forcées pour se débarrasser de l'élue de la Côte-Radieuse devenue trop encombrante ; une Monique Grinard qu'il faut désarçonner pour mieux dégager le terrain des cantonales d'ici mars 1994.

Monique Grinard a encore en mémoire certaines scènes de cette époque pour le moins humiliantes, tellement ces deux Compagnons vont lui faire des misères, lui donner du fil à retordre avec l'espoir de la faire céder...

Un jour, Arlette Franco organise une réunion à l'Ecoute du port, sur sa commune donc. C'est l'occasion de présenter Jacques Bouille à des leaders d'opinion canétois qui se trouvent là. En effet, à ce rendez-vous, sont présents de nombreux responsables associatifs locaux. Monique Grinard, qui sort d'une messe pour les rapatriés, est alors emmenée dans la salle de l'Ecoute du port où l'une de ses belles-filles, invitée, l'entraîne. Il y a aussi son gendre, pied-noir. Alors qu'elle se trouve à l'entrée de la salle, discutant avec deux amies, Jacques Bouille passe. Il les salue. Monique Grinard lui tend la main, mais le maire de Saint-Cyprien lui répond aussitôt : «*Vous Madame, je ne vous connais pas !*».

- «*Et comment vous ne connaissez pas notre conseillère générale ?*», s'étonne l'une des deux amies qui l'accompagne. «*Laisse tomber, ce n'est pas mon problème*», coupe Monique Grinard. «*C'est un con !*». Et comme Jacques Bouille était juste derrière Monique Grinard quand elle a prononcé ces mots, elle est convaincue qu'il les a très bien entendus.

Deux semaines plus tard, lors d'une autre réunion, et toujours à Canet-en-Roussillon, Arlette Franco a encore invité Jacques Bouille à la rejoindre à la tribune. Cette fois-ci, Monique Grinard est dans la salle. Elle est venue avec un proche de Saint-Cyprien, qui est architecte. Sur l'estrade, d'autres personnes demandent à la conseillère générale de monter avec elles. Elle s'y refuse, soucieuse de respecter le protocole puisque on ne l'a pas invitée. Jacques Bouille finit par arriver. La réunion terminée, le maire de Saint-Cyprien descend et va à la rencontre de l'architecte de sa commune qu'il connait très bien. Seulement voilà, à cet instant ce dernier étant en pleine discussion avec Monique Grinard, Jacques Bouille est obligé de la saluer s'il veut approcher l'architecte. C'est ce qu'il s'apprête à faire. Il tend sa main à Monique Grinard pour la lui serrer, mais celle-ci s'écarte brusquement en lâchant : «*Mais Monsieur, je ne vous connais pas, moi*». Et elle lui tourne le dos. Plus tard, quand Jacques Bouille sera élu conseiller général de la Côte-Radieuse, raconte Monique Grinard, «*je l'ai revu au Conseil général, où René Marquès, le président, avait convié à un repas les battus de sa majorité départementale. Je me suis approché de lui et, sans rancune, sans esprit de vengeance, je lui ai dit : «Vous savez, ce que vous m'avez fait, ce n'est pas joli»*...

Les fêtes de fin d'année sont maintenant passées et, comme il fallait s'y attendre, Arlette Franco et Jacques Bouille vont saisir l'occasion de la traditionnelle cérémonie de vœux du maire à la population pour resserrer leurs rangs, se rapprocher et se renvoyer l'ascenseur électoral. C'est là une tribune extraordinaire, car le public y vient toujours en quantité - on a jamais su si c'était pour le temps des discours, ou pour le temps des cerises car ensuite il y a bal, à boire et à manger... - pour se lancer des fleurs et s'auto congratuler sur le compte des contribuables. A cette époque, il n'est pas interdit de dresser des bilans, de faire des perspectives, de se faire sa propre pub électorale à peu de frais.

Le premier mercredi de l'année 1994, c'est Jacques Bouille qui ouvre les festivités. Il annonce enfin qu'il sera candidat aux prochaines élections cantonales. Sont présents à ses côtés, outre son conseil municipal, le député de la circonscription, André Bascou, un autre RPR, de par ailleurs maire de Rivesaltes. Mais aussi : Arlette Franco, RPR, maire de Canet-en-Roussillon et vice-présidente du Conseil régional Languedoc-Roussillon. Sans oublier MM. Seguié et Durand, respectivement maire d'Alénya et de Latour-Bas-Elne. C'est la grande fête cantonale, tous les maires des communes du «SCYLAS» sont là, sauf la principale intéressée, Monique Grinard, conseillère générale du canton. Le gymnase de la plage est plein à craquer.

C'est le jour de gloire de Jacques Bouille : le maire de Saint-Cyprien use ses cordes vocales sur les grands moments de l'année écoulée, 1993, ainsi - et surtout - que sur les réalisations de sa municipalité. Il se réjouit du fait «*que le travail accompli à Saint-*

*Cyprien et sur le territoire du SCYLAS trouve désormais un écho sur le canton. Canet et Saint-Cyprien, villes jumelles, ont décidé de travailler ensemble. Une logique plus forte encore existe dans la construction de la communauté de communes. Alors, puisque la volonté, la logique et l'amitié se rejoignent, pourquoi ne pas étendre le partenariat au canton tout entier ?»*. De là à annoncer sa candidature pour les prochaines élections cantonales, il n'y a qu'un pas à franchir... Jacques Bouille l'a franchi.

Le samedi suivant, c'est à Canet-en-Roussillon, plus précisément dans la Halle aux Sports Pierre-de-Coubertin, à Canet-plage, qu'Arlette Franco présente ses vœux devant le Tout-Canet et le Tout-Perpignan. Re-André Bascou, re-Jacques Bouille et Mme, avec en prime et entre autre Louis Carles, maire de Torreilles, Henri Dabat - proviseur du collège de la Côte-Radieuse et président du Conseil départemental de l'UDF - et Mme.

Mais, cette fois-ci, il y a même les «non-invités» : Monique Grinard et Jean Codognès, avocat à Perpignan, conseiller municipal de l'Opposition socialiste à Saint-Cyprien (pas encore conseiller général sur le canton Perpignan I et pas encore député PS en lieu et place d'André Bascou...).

Arlette Franco voit rouge. Elle n'en finit pas de se pencher vers ses adjoints les plus proches : «*Qui leur a dit de venir ? Qui les a invités ?*». Personne. Ils se sont invités tout seul. Trop contents d'avoir réussi leur coup. Certes, Monique Grinard et Jean Codognès ne sont pas venus ensemble, mais ils sont arrivés ensemble et, du coup, ils ont fait une entrée très remarquée. Il y a bien un gros millier de personnes dans le bâtiment imposant, mais Arlette Franco ne voit qu'eux.

Cela n'empêche pas Arlette Franco de prononcer son discours. Elle va même y rajouter une petite phrase assassine. Devinez à l'intention de qui ? Extraits : «*En ce qui nous concerne, le rôle des élus est une force d'imagination et de propositions pour cela il nous faut du cœur et du courage. Il est trop facile de faire la politique de l'illusion ou de la délation. Les recettes traditionnelles n'apportent pas les solutions, celles-ci sont en nous et généralement à l'écoute et au contact direct de tous nos concitoyens (...). Soyez convaincus, en regardant notre action concrète et, nos promesses tenues, que nous agissons pour le bien commun, exclusivement dévoués à l'intérêt général et que pour cela nous sommes intransigeants sur ce qui nous parait essentiel...*».

Avant les élections cantonales des 20 et 27 mars 1994, les candidats de la Majorité départementale, qu'ils adhèrent à l'UDF ou au RPR, doivent affronter un scrutin à l'intérieur de leur formation politique. Scrutin à l'issue duquel ils auront ou n'auront pas la fameuse investiture.

Pour les chiraquiens, le grand oral a lieu le vendredi 21 janvier 1994, à 18h30, rue de l'Ange à Perpignan. C'est là que sont convoqués les 71 membres du Comité départemental RPR. Deux courants s'affrontent : celui du député Claude Barate, celui du sénateur Paul Blanc. Le premier rêve de se voir maire de Perpignan, le second président du Conseil général des P-O. Ce n'est un secret pour personne : tous les deux y pensent le matin en se rasant. De très, très près. Alors, dans cette histoire, Paul Blanc veut placer ses hommes, quitte à provoquer des duels fratricides au sein de son propre parti. Il souhaite voir Jacques Bouille remplacer Monique Grinard, sur le canton de la Côte-Radieuse, et aimerait bien réussir à imposer Danièle Pagès contre le vieillissant André Comaills (73 ans), sur le canton Perpignan VIII.

Quand à Claude Barate, par une indiscrétion parue dans la presse régionale quelques jours plutôt, il a prévenu : «*Je suis pour la prime aux sortants, surtout qu'ils n'ont pas démérité ! Donc, c'est clair, je soutiens d'ores et déjà Monique Grinard, sur le canton de la Côte-Radieuse, Jean-Claude Courty, sur le canton Perpignan VI, et André Comaills, sur le canton Perpignan VIII. J'invite évidemment tous les compagnons à me suivre dans cette prime aux sortants*».

Dans la soirée du 21 janvier, au bout de plus de trois heures d'un débat souvent tendu, les urnes internes du mouvement gaulliste rendent leur verdict. Sont investis : Jean-Claude Courty (sortant), sur le canton Perpignan VI (Centre-ville) ; André Comaills (sortant), sur le canton Perpignan VIII (Gare/ Saint-Assiscle) ; Jacques Bouille, sur le canton de la Côte-Radieuse ; Yves Rousselot, sur le canton de Saint-Estève ; René Laville, sur le canton de Millas ; Henri Soler (soutenu par l'UDF et le RPR), sur le canton de Vinça ; Daniel Mach (qui n'a pas eu l'investiture de l'UDF mais a le soutien du RPR...), sur le canton de Toulouges ; Pierre Estirach, sur le canton d'Olette ; Philippe Bories, sur le canton de Saillagouse ; Jacques Closterman, sur le canton de Céret ; et Christian Galy, sur le canton d'Elne.

Pour les cantons restants - Perpignan IV (Moulin-à-Vent), Perpignan V (Saint-Martin), Latour-de-France et Arles-sur-Tech - le Comité départemental RPR est en attente des négociations avec l'UDF des P-O.

Très remontée, Monique Grinard ne décolère pas, place Arago à Perpignan, à l'issue de ce vote. Déjà, autour d'elle, les Compagnons se pressent et se massent. Elle n'a obtenu «que» 24 voix, tandis que 27 membres du Comité, parmi les présents, lui ont préféré la candidature de Jacques Bouille.

Monique Grinard parait dépitée. Mais elle confirme ses intentions, elle n'est pas abattue : *«Je reste dans la course»*. A ses côtés, Jean-Marie Bouchard, président de la section locale RPR de Canet-en-Roussillon, et Jean-Louis Montgaillard, tous deux membres du Comité départemental RPR des P-O, ne mâchent pas leurs mots. L'indignation est unanime : *«Ce résultat du vote des délégués est profondément injuste à l'égard de notre vice-présidente du Conseil général sortante, adhérente et militante du RPR de longue date. Nous nous insurgeons contre cette décision qui ne reflète en aucun cas la position des militants du canton, car dès septembre 1993 ceux-ci, ainsi que la quasi totalité des membres élus pour le canton de la Côte-Radieuse, s'étaient prononcés pour donner l'investiture à Monique Grinard. Elle est, de ce fait, la seule représentante du RPR soutenue et investie par la base (...). La section de Canet, de nombreux membres des villages - Saint-Nazaire, Saint-Cyprien, Alénya, Saleilles et Latour-Bas-Elne - confirment leur soutien inconditionnel et indéfectible à Monique Grinard»*.

Pour Jean-Marie Bouchard, il faut voir *«dans ce triste résultat interne»*, la représentativité *«excessive des hauts-cantons»*, ainsi que la lutte que se livrent Claude Barate et Paul Blanc au sein du RPR : Ainsi, le choix de Jacques Bouille (courant Paul Blanc), sur le canton de la Côte-Radieuse, serait à mettre en parallèle du choix en faveur d'André Comaills (courant Claude Barate) sur le canton Perpignan VIII. André Comaills qui a eu la faveur des délégués au détriment de Danièle Pagès (qui était soutenue par Paul Blanc).

Dès le lendemain, Monique Grinard réagit. Il n'est pas question pour elle d'en rester là. Il y va en quelque sorte de son honneur : *«En 1982, on m'avait demandé de me présenter sur ce canton de la Côte-Radieuse, qui comprenait encore la ville de Cabestany. Surprise pour tous ! Alors que ce canton était détenu par une conseillère générale communiste, Simone Parrot, j'ai été élue. Et d'un seul coup, pour tout le monde en général, pour mes Compagnons du RPR en particulier, j'étais la femme du renouveau. Presque un symbole ! Aujourd'hui, on veut ma place, c'est trop facile.*

*Titulaire de ce seul mandat, j'ai assumé mes responsabilités comme une femme les assume avec son cœur, sa tolérance, sa pugnacité et sa passion du travail bien fait en toute impartialité et intégrité. Je connais parfaitement les dossiers de notre canton, mais aussi ceux du Département. Seule compte pour moi la politique du développement économique, et non la politique politicienne où seule l'ambition personnelle compte. Trop peu de femmes siègent au sein notre assemblée départementale et pourtant notre présence est nécessaire sinon indispensable. Je constate que les autres candidats dans leur programme ne proposent pas d'idées nouvelles, seule la critique compte. Pour des hommes de renouveau, c'est bien peu. Pour ma part, je ne ferais pas de vaines promesses. Demain, grâce à vous, je continuerai à vous servir avec passion*».

Et le 25 janvier 1994, la candidate Monique Grinard entame la tournée des rédactions locales. Presse écrite, télé, radios locales publiques et privées, elle se faufile partout pour dénoncer de vive voix «*les coups bas*» et annoncer «*le temps de la revanche*»...

Et à chaque fois, partout où elle passe, Monique Grinard entonne le même refrain : elle rappelle à tous qu'en 1982, la toute-première fois lorsqu'elle s'est présentée au suffrage universel, «on» (le RPR) est venu la chercher. Les dirigeants de la formation politique gaulliste ne trouvaient personne d'assez fou pour aller ferrailler dans un canton historiquement de gauche et détenu par une élue communiste. Personne ne se faisait d'illusion sur la moindre chance que Monique Grinard l'emporte. Il s'agissait simplement d'y aller pour compter les voix et positionner le sigle du parti sous les phares de l'actualité cantonale. Bref, le RPR l'a envoyé au casse-pipe. Et patatras, contre toute-attente, elle est élue. «*Et voilà aujourd'hui comment le Comité départemental me remercie !... Vous appelez ça comment, vous ?...*».

A nouveau, comme en 1982, elle dit «*chiche !*». Elle relève le défi que lui imposent ses pairs. Elle retrousse les manches, comme elle a su le faire à Canet-plage lors des importantes chutes de neige, en 1992, comme elle a su le faire encore à Saleilles lors des inondations catastrophiques survenues le 22 septembre 1992.

Oui, elle est candidate parce que, selon la formule consacrée, dont elle use et abuse à souhaits et à plaisirs, elle n'a pas démérité et elle a rien à se reprocher. Elle se dit réconfortée et rassurée, motivée, par les «tonnes» de lettres qu'elle a reçue, des messages de soutien, d'encouragement, dont les principaux auteurs seraient des jeunes.

Elle révèle que, la concernant dans cette mascarade d'attribution des investitures RPR pour les cantonales, elle a fait les frais d'un odieux marchandage et que tout était ficelé d'avance : «*Sitôt le dépouillement connu, je me suis sentie fusillée, atterrée. C'est un coup de poignard dans le dos. Jamais je n'aurais pensé que l'on puisse ainsi trahir, sanctionner. Maintenant, je sais*».

Elle sait tout : qui a voté contre elle, qui l'a trahie, que la décision avait été arrêtée il y a au moins deux ans : «*Je suis la victime d'une coalition qui ne mérite aucune appellation dans le cœur des hommes*».

Dans tout cela, elle ne sait toujours pas ce qu'on a bien pu lui reprocher. Car aucun commentaire n'a été fait à l'issue de sa destitution.

A un journaliste qui lui demande ce qu'elle a ressenti à ce moment-là, elle répond : «*Je n'ose vous le dire. Tellement j'étais foudroyée, sidérée par tant de bassesses... J'avais l'impression d'entrer dans un cauchemar. Je me suis frottée les yeux très fort, mais non, je ne rêvais pas ! J'ai fait à l'évidence les frais d'ambitions politiques personnelles d'hommes dont l'unique credo est d'asseoir leur carrière et non pas celui de l'intérêt de la collectivité. L'enjeu, maintenant, c'est la compétence et la tolérance face à l'incompétence et l'intolérance*».

Monique Grinard n'y va pas par quatre chemins. Elle accuse. Mais ne cite personne en particulier. Elle se risque tout juste à un «*chacun s'y retrouvera*». Elle arbore un bilan de douze années de mandats avec une grande fierté : «*Je n'ai jamais cherché à privilégier un courant politique ou une mairie, dans mon canton, j'ai toujours été au service de tous, et même bien au-delà des frontières administratives de mon canton. Regardez, j'ai encore reçu ce matin cette lettre de Paris, adressée par un couple qui réside l'été à Saint-Cyprien... Le plus dur dans ce constat, c'est cet acharnement qu'ont certains à vouloir éliminer les femmes. De plus en plus, les femmes sont mises sur la touche quand il s'agit d'accéder aux postes de décision. Même si je dois être la dernière à agiter la scène publique dans ce département, je me battrai jusqu'au bout de l'action sociale et humaine qui a toujours guidé mon mandat et mes prises de position*».

Dans la foulée, elle ouvre deux permanences électorales : rue de la Galerie du Capcir, à Canet-plage ; résidence Les Portes du Soleil, dans le carrefour Maillol, à Saint-Cyprien plage.

Le Centre national des indépendants (CNI), lui apporte son soutien. C'est d'ailleurs son porte-parole départemental, Paul-Louis Rous, viticulteur et conseiller municipal de Perpignan, qui l'annonce en dénonçant «*des manœuvres politiciennes lamentables qui ont encore pris le dessus sur la compétence, le travail et la disponibilité. Monique Grinard a toujours été très proche de la population et de ses nombreuses préoccupations*».

Les soutiens continuent d'affluer de partout. L'un des plus retentissants à se faire entendre est celui de René Conte, gaulliste historique du Roussillon. Le 24 janvier 1994, il adresse la lettre suivante à Claude Barate, député et secrétaire départemental du RPR :

- «*Cher Compagnon et Ami,*

*J'ai le regret de vous adresser ma démission du Rassemblement pour la République.*

*Suite au Comité départemental du 21 courant et la déshonorante décision d'investir pour les prochaines cantonales un certain maire au lieu et place de la conseillère générale sortante, Monique Grinard, qui durant ses mandats n'avait jamais démérité, il ne m'est plus possible de soutenir le Mouvement après une telle forfaiture.*

*C'est pourquoi, avec mes regrets, après 44 ans de présence au sein d'un Mouvement que j'ai toujours servi avec le plus complet désintéressement, j'ai décidé de le quitter purement et simplement afin de reprendre ma liberté d'action.*

*Veuillez agréer, Cher Compagnon et Ami, l'assurance de ma parfaite amitié et considération*».

Jean-Marie Bouchard, président de la section locale RPR de Canet-en-Roussillon, membre du Comité départemental, saisit carrément la rue de Lille, à Paris, siège national du Rassemblement pour la République. Dans une longue lettre, il tient à attirer l'attention des dirigeants nationaux «*sur l'émoi qu'a suscité la non investiture par le Comité départemental de notre conseiller général sortant, Monique Grinard (...). Il est hors de question que nous acceptions une décision prise par des délégués extérieurs au canton, à savoir des hauts cantons, qui viennent nous imposer un choix différent de la volonté des militants de la Côte-Radieuse. Ces militants sont choqués et écœurés par cette décision. Il est de notoriété publique que le candidat investi est soutenu par Paul Blanc, qui pour des raisons obscures a ignoré le travail réalisé et la popularité du conseiller général sortant, Monique Grinard. Nous sommes les victimes de l'ambition personnelle d'un sénateur qui depuis deux ans divise la fédération départementale avec pour seul objectif la présidence du Conseil général. Cette division ayant déjà fait échouer notre mouvement lors des élections municipales de Perpignan, il en sera de même pour la présidence du Conseil général. Nous avons une suspicion très forte sur la transcription du procès-verbal envoyé à Paris. Nous vous demandons de bien vérifier si les candidats Christian Galy, sur le canton d'Elne et Daniel Mach, sur le canton de Toulouges, ont bien été mentionnés comme investis ou soutenus par le dernier vote du Comité départemental. Il serait très grave de la part des responsables départementaux de les avoir volontairement oubliés. Ceci confirmerait bien un mépris de la volonté de la base (...)*».

Jean-Marie Bouchard écrit également à Jacques Chirac, président du RPR et à Alain Juppé, au Quai d'Orsay, avec copies à Charles Pasqua, entre autres personnalités du mouvement gaulliste. Les lettres sont à chaque fois cosignées par Jean-Louis Montgaillard, délégué de circonscription et membre du Comité départemental, Jean Canal, membre du Comité départemental, Pierre Mérico, conseiller municipal de Canet-en-Roussillon, et Mme Fabre, déléguée de circonscription.

Dans cet élan, un comité de soutien à Monique Grinard pour les élections cantonales des 20 et 27 mars 1994, se met en place.

A la fin du mois de janvier, dans une longue interview accordée au journal régional Midi Libre, le député Claude Barate et patron de la fédération départementale du RPR, sort du silence qu'il s'était imposé, pour déclarer : «*ça va, je suis bien dans ma tête*»... Victoire législative en mars 1993, défaite municipale - il a grave échoué en juin 1993 contre le fils de Paul Alduy, Jean-Paul Alduy, pour prendre la mairie de Perpignan - après le temps de la réflexion, il prône celui de l'action dans le cadre de la chronique d'une nouvelle stratégie annoncée.

A propos de «l'affaire Monique Grinard», il répond : «*Je me garderai bien de faire des explications sur quoi que ce soit dans le vote des 53 membres du Comité départemental du RPR. Comme dans tout vote, il y a une part de passion et une part de raison. A l'intérieur de chaque individu, il y a une part affective et une part rationnelle, dans sa motivation. Ce que je peux simplement dire, c'est que la décision ne s'est pas faite sur la base de courants qui s'affronteraient au sein de la fédération départementale du RPR...*».

A la question de ses rapports avec le sénateur RPR Paul Blanc, le vieux briscard de la politique locale qu'est déjà Claude Barate à tout juste 50 ans, affirme : «*J'ai de très bons rapports. Je n'ai pas de problème. Je n'ai pas senti de courant au sein du mouvement. Tout au plus une sensibilité, mais qui serait plutôt une sensibilité géographique qui vient de la vallée de la Têt...*».

Pourtant, le jeudi 3 février 1994, au 13 de la rue de l'Ange à Perpignan, ce sera le clash historique entre les deux hommes. Le sénateur Paul Blanc prend congés du député Claude Barate en claquant la porte. Ce dernier reproche à Paul Blanc d'avoir profité qu'il était en visite officielle en Israël le week-end dernier, pour négocier directement avec l'UDF version Jean-Paul Alduy, maire de Perpignan. Paul Blanc lui rétorque qu'on ne quitte pas le navire lorsque l'on est au cœur des négociations.

Et ça continue : les supporters de Claude Barate font remarquer que depuis les élections régionales de 1992, Paul Blanc a entrepris une tactique de sécession pour s'emparer des rênes de la fédération départementale, pour marquer à sa façon un territoire. Les proches de Paul Blanc insistent sur le fait que beaucoup d'élus se plaignent du fonctionnement actuel du Comité départemental du RPR, lequel selon eux ne reflètent plus la réalité du mouvement sur le terrain, et qu'ils souhaitent même que sa dissolution soit mise à l'ordre du jour.

Qui a raison ? Qui a tort ? La seule certitude est que le clash a bien lieu et que, désormais, au sein de la fédération départementale RPR des P-O, plus rien ne sera comme avant. Deux axes sont maintenant en opposition et en confrontation : Claude Barate/ René Marquès, d'un côté ; Paul Blanc/ le député UDF François Calvet (Barate avait bien vu en parlant «*d'une sensibilité géographique qui vient de la vallée de la Têt*») / Jean-Paul Alduy, de l'autre côté. Ou, plutôt : en face.

Le clash au sein de la famille gaulliste éclabousse jusqu'aux instances départementales de l'UDF qui se fâchent, s'insurgent et jugent «*le comportement du RPR intolérable, après que son Comité ait rejeté les accords d'union*». Car le parti chiraquien a décidé de présenter des candidats dans chacun des cantons renouvelables, et donc d'imposer des primaires partout au sein de la majorité départementale. «Mais», tente d'apaiser Henri Dabat qui a succédé à René Marquès aux commandes de l'UDF des P-O, «*le RPR ne peut pas faire le dos rond ou la sourde oreille face au souhait d'union de l'UDF. A mon avis, quelqu'un descendra de Paris pour prendre la situation en main (...). Nous avons les candidats, nous aussi, puisque nous les avons pré-désignés en investiture UDF. Nous sommes donc en mesure de postuler partout*».

Finalement, le 15 février 1994, le RPR confirme ses accords avec l'UDF. Le RPR ne présentera pas de candidats dans les cantons d'Arles-sur-Tech et Toulouges, où l'UDF a investi Jacqueline Alduy et Jean-Marc Palma. Ont l'investiture UPF (UDF + RPR) : Paul Soulié à Saillagouse, Henri Soler à Vinça, François Boot à Millas, André Comaills sur Perpignan VIII, Jacques Clostermann à Céret, Marcel Amouroux à Elne, Roger Foisnels à Latour-de-France et Jacques Bouille sur la Côte-Radieuse. Des primaires sont acceptées dans les autres cantons renouvelables : Pierre Estirach (RPR) et Jean Galindo (soutien UDF) à Olette, Jean-Claude Courty (RPR) et Marie-Cécile Pons (UDF) sur Perpignan VI, Jean Rigual (RPR) et Jean-Claude Payret (UDF) sur Perpignan IV, Marie-Louise Vigué (RPR) et Jean-Claude Kaiser (UDF) sur Perpignan V, Yves Rousselot (RPR) et Jean-Marie Palma (UDF) à Saint-Estève. Reste encore à régler le délicat problème du canton Perpignan III (Cabestany/ Saint-Gaudérique) où, côté UDF, deux candidats réclament l'investiture : Michel Berdaguer et Marcel Zidani.

Puis c'est au tour de Jacques Bouille de se prêter au jeu des interviews. Un exercice qu'il déteste, le médecin-maire de Saint-Cyprien n'a jamais eu une grande confiance dans les journalistes qu'il ne porte pas en odeur de sainteté... Il préfère généralement s'en éloigner, les tenir (très) à l'écart de son rythme de vie.

En revanche, lorsqu'un journaliste est bien en Cour auprès de lui, Jacques Bouille sait se montrer généreux et intimiste : déjeuner (offert bien sûr) dans les plus grands restaurants de sa commune - et dans ce domaine Saint-Cyprien est incontestablement le fief de la gastronomie roussillonnaise avec et entre autres : «L'Almandin» (Ile de La Lagune), «Le Mas d'Huston» (Golf), «le Saint-Jacques», «le Melrose», etc-etc - filets garnis très copieux (portés à domicile) en foies gras et champagne(s) pour les fêtes de fin d'année... Et, surtout, l'essentiel pour un chroniqueur en quête de précieuses informations, le «scoop» assuré à chaque rencontre. Car Jacques Bouille est un puissant, il s'appuie sur des réseaux très influents, ses connaissances sont illimitées, ou presque... Bénéficier d'un contact privilégié avec lui est incontestablement - et c'est incontesté - un atout de taille.

Un mois après son investiture pour les cantonales, en lieu et place de Monique Grinard sur la Côte-Radieuse, Jacques Bouille met les pieds dans le plat médiatique : «*Secouons les inerties !*».

De plus, il vient d'être l'invité d'honneur, la «guest star», «LA» vedette principale d'un meeting que son amie Arlette Franco, maire RPR de Canet-en-Roussillon, également vice-présidente du Conseil régional Languedoc-Roussillon, lui a organisé dans sa commune, à Canet-plage. Ce jour-là, il y a un demi-millier de figurants-électeurs, chauffés à bloc par les discours d'Arlette Franco, du sénateur Paul Blanc, de par ailleurs maire de Prades et 1er vice-président du Conseil général des P-O, ainsi que du député-maire RPR de Rivesaltes, André Bascou.

Quand on lui demande s'il ne trouve pas son investiture injuste à la place d'une Monique Grinard qui n'a pas démérité et qui est soutenue par la base, les militants, Jacques Bouille répond sans sourciller : «*L'investiture, c'est le résultat de quatre années de travail sur ce canton de la Côte-Radieuse, où j'ai noué des relations amicales et très étroites avec la majorité des maires et leur population. Nous avons appris à travailler ensemble, à nous apprécier, et ils ont compris que l'un d'entre eux devait forcément représenter le canton au niveau du département si l'on voulait que les dossiers aboutissent enfin. Ma candidature, c'est le résultat du bon sens. Jamais, jusque là, il n'y avait eu d'entente entre les villes de Canet-en-Roussillon et de Saint-Cyprien comme c'est le cas aujourd'hui. Cette situation avait créé un barrage systématique qui empêchait l'un des deux maires d'accéder au Conseil général. Depuis 1989, les choses ont changé et elles ont bougé. Canet et Saint-Cyprien jouent avec succès la carte de la complémentarité ; comme j'ai aidé Arlette Franco à aller à la Région parce que c'est un souhait, elle est prête maintenant à m'aider à aller au Département parce qu'elle sait qu'elle n'a rien à craindre du maire de Saint-Cyprien*».

Le journaliste insiste : «*Qu'est-ce qui vous différencie de Monique Grinard ?*».

Jacques Bouille : «*C'est d'abord l'investiture que j'ai et qu'elle n'a pas. Ceci est un constat objectif. Il n'y a pas d'antagonisme viscéral ou réel entre elle et moi. Et j'ai géré avec beaucoup de diplomatie nos rapports. Je l'ai soutenu lors de la dernière campagne des cantonales, en 1988. Je me rappelle qu'à l'époque, elle avait publiquement et clairement affirmé que c'était son dernier mandat. Donc, très franchement, je n'ai pas le sentiment de prendre sa place*

*(...). Comme, avec mon équipe municipale, nous avons fait bouger la ville en 1989, nous voulons impulser le renouveau dans ce canton. Il est évident que depuis dix ans, ce canton a été quasiment oublié, si on le compare au canton voisin de la Salanque... Le renouveau consisterait à créer pour ce département une équipe dynamique de gens qui œuvrent aujourd'hui dans une même communauté de pensée (...)».*

C'est désormais très clair : la candidature de Jacques Bouille a pour but d'éliminer Monique Grinard, mais aussi de renverser l'actuel président du Conseil général, l'UDF René Marquès, et son équipe. Le renouveau, version Paul Blanc, est en marche. Pour l'installer, il faut faire élire Jacques Bouille sur la Côte-Radieuse. Coûte que coûte. L'aide d'Arlette Franco, très proche de Paul Blanc à la Région, sera précieuse. La plupart des candidats RPR au Département, arrivants ou sortants (comme André Comaills et Jean-Claude Courty), ont déjà été infiltrés, approchés et récompensés (on leur a promis des postes dans l'Exécutif) pour donner leur voix à Paul Blanc lors du troisième tour. Naturellement, Claude Barate a été tenu à l'écart de ces dîners de procureur et soupers de marchand où ont été distribués les rôles pour tenir la boutique de Paul Blanc. Ce dernier et ses sbires sont convaincus de rafler la mise, de décrocher la timbale, d'emporter le morceau, ils sont sûrs et certains de leur victoire. Ils en parlent dans tous les bistrots de la préfecture des P-O.

Mais si il y en a une qui n'est pas prête à avaler les propos de Jacques Bouille, c'est bien Monique Grinard : *«Il dit qu'il m'a aidé pour ma campagne en 1988, c'est faux ! Il dit encore que le canton a été oublié pendant dix ans, mensonge ! Les réalisations dans ce canton, grâce à Guy Malé, grâce au docteur Marquès, ont été nombreuses et sont très visibles, que ce soit dans les domaines scolaire, social, économique, culturel, associatif, sportif, touristique... Je prendrais deux exemples, celui des routes et de l'hydraulique. L'amélioration des infrastructures routières de notre canton a été une priorité de mon action de conseiller général. Dans mon second mandat, depuis 1989 date à laquelle le docteur Bouille est entré à la mairie de Saint-Cyprien, nous avons avec le Département réalisé la déviation d'Alénya et le pont sur la Fosseille, le pont de la Llobère entre Cabestany et Saleilles, le dénivelé du carrefour de Canet, l'élargissement de la route départementale à Saleilles, les travaux d'élargissement et la piste cyclable entre Canet-plage et Saint-Cyprien, le pont sur le canal d'Elne à Saint-Cyprien, la route départe-*

*mentale de Saint-Nazaire à Cabestany, le rond-point d'Europa et de l'Esparrou à Canet... Comment ose-t-il prétendre que le canton de la Côte-Radieuse a été oublié ? Dans le domaine de l'hydraulique, mes interventions ont été particulièrement nombreuses et vigoureuses pour la protection des eaux du Réart, de la Llobère, la Fosseille ou encore l'Agouille de la Mar. Je défends et défendrai avec acharnement la protection des berges, afin d'éviter à l'avenir les catastrophes, comme celle survenue à Saleilles ; je veille activement toute l'année au service de la démoustication départementale (...)*».

A son tour, Arlette Franco entre dans la campagne. Certes, elle n'est pas directement concernée, car aucunement candidate, mais elle va s'impliquer. Sous couvert de présenter son projet «Canet 2005», à une année de distance des élections municipales de 1995, elle tacle Monique Grinard et prend parti : «*Il est nécessaire qu'il y ait sur le canton un peu de renouveau qui ne peut provenir que de personnes responsables et motivées au service de la collectivité et non d'elles-mêmes. De plus, je pense que si l'on est démocrate, lorsque le parti a tranché, on doit respecter ce choix. Ce dernier a été fait, il a désigné Jacques Bouille, il me convient parfaitement, je m'y tiens...*».

«Renouveau», le maître-mot est à nouveau lâché. Décidément, c'est le mot «tendance» du moment, entre Canet-en-Roussillon et Saint-Cyprien, via Prades et Sournia, respectivement les résidences municipale et cantonale du sénateur Paul Blanc.

Pendant ce temps, du côté de Saint-Cyprien, l'ancien maire, Jean Olibo, continue sa carrière d'écrivain. Il propose dans un nouveau livre des morceaux choisis, piochés dans des ouvrages qu'il a déjà publiés, mais qui sont épuisés, comme un véritable florilège de sa démarche littéraire. D'ailleurs, ce recueil s'intitule «Choisis». Explications de l'auteur : «*J'ai décidé un choix de divers textes parmi les ouvrages que j'ai écrit, destiné à mes amis. Il s'agit de pensées sur ceux que j'aime, d'idées sur les hommes, la guerre, la nature, d'interrogations sur la société, ses problèmes sociaux et politiques*». Et comme pour nous rappeler son goût pour la peinture et ses nombreuses amitiés avec les artistes, il a fait dans «Choisis» une large place à l'illustration au regard de ses textes. Enfin, un peu de respiration dans la campagne électorale.

Pendant ce temps encore, et toujours à Saint-Cyprien, Jacques Bouille doit se dépatouiller dans un flot continue de tracts diffamatoires, plus ou moins anonymes, qui l'accusent de tous les maux : les finances de sa commune seraient au plus mal, les impôts auraient augmenté de façon inconsidérée depuis 1989, la majorité municipale (la sienne) n'aurait rien fait pour l'enseignement public dans la commune depuis 1989, la Halle à marée serait un gouffre financier de 10 millions de Francs... Jacques Bouille riposte, à coups de tracts lui aussi, tout en rappelant que la Justice, en 1993, a déjà condamné les auteurs de tracts considérés comme diffamatoires pour sa personne et l'équipe municipale. Jacques Bouille répète qu'il est à nouveau prêt à traîner en justice ceux qui s'amuseraient à le dénigrer, à le salir.

Ce tract, qui visait le maire, était intitulé «*Main basse sur la ville*». Le 8 octobre 1990, le docteur Jacques Bouille déposait plainte avec constitution de partie civile contre les auteurs de ce tract, diffusé à grande échelle dans les boites aux lettres de maisons et sur la voie publique (pare-brise des voitures) de Saint-Cyprien, dans la nuit du 5 au 6 octobre 1990. Le 27 mai 1992, la Cour d'Appel de Montpellier rendait son arrêt et elle déclarait les prévenus coupables de l'infraction poursuivie - diffamation au sens des dispositions de l'article 31 de la loi du 29 juillet 1881 - et les condamnait chacun à une amende de 3 500 Francs (soit environ 534 euros), de même qu'elle ordonnait la publication de son arrêt par extrait dans la presse locale et régionale (ce qui fut fait dans L'Indépendant du 11 juillet 1993).

Aussitôt, les condamnés - les dix conseillers municipaux de l'Opposition - soulevaient des moyens en vue d'un pourvoi en cassation, qui sera rejeté.

Dans sa réaction, Jacques Bouille assène : «*La plus haute juridiction de l'Etat en matière pénale, en rejetant le pourvoi de certains conseillers municipaux, dont un avocat normalement informé des risques encourus, vient de condamner des pratiques odieuses. Il est toujours méprisable pour arriver à ses fins d'attenter à l'honneur et à la dignité de quelqu'un. A Saint-Cyprien comme ailleurs, l'opposition certes a des droits mais elle n'a pas tous les droits et les ambitions personnelles n'autorisent pas tout*».

En mai 1991 déjà, lors d'un conseil municipal, Jacques Bouille n'avait pas été tendre envers ses opposants : «*A Saint-Cyprien, depuis 2 ans, les membres de l'ancien conseil municipal aujourd'hui dans l'opposition, sont pénétrés d'une obsession maladive ; celle de l'illégalité de la forme administrative. Ils voient des délits dans les actes les plus anodins. On les avait connus beaucoup plus laxistes...*

*il est vrai qu'ils ont maintenant un chef de file qui a entrepris leur formation, par qui ils sont subjugués, fascinés jusqu'à se laisser entraîner sans réflexion à des publications maladroites voire dangereuses qui on placé bien bas le niveau du débat à Saint-Cyprien (...)».* Ces fracassantes déclarations, faites donc par Jacques Bouille, lors d'un discours introductif au vote du budget primitif municipal, visaient Me Jean Codognès, ainsi que Raymond Barboteu et Aimé Just. Ambiance, ambiance !

Le 3 mars 1994, lors d'un déjeuner de presse, le sénateur-maire RPR Paul Blanc confirme qu'il a une ambition pour le département. Il expose le projet qu'il souhaite développer et qu'il va proposer à ses collègues du Conseil général. «*Je suis toujours là et j'ai même beaucoup de choses à vous dire*», lance-t-il aux journalistes.

Il prône sa différence avec René Marquès, dont il fait comprendre qu'il a fait son temps, qu'il est d'une autre époque : «*Je dis qu'on peut dépenser la même somme, mais qu'on peut dépenser autrement*».

Son mentor, ce serait plutôt Jean-Paul Alduy, même s'il est plus jeune que lui d'une poignée d'années. Et il tient, ce jour-là, à le faire savoir, à exprimer les excellentes relations que les deux hommes ont ensemble : «*Jean-Paul Alduy, lui, il a compris que le développement de Perpignan ne peut se faire sans le Département, de même que le reste du département ne se développera pas s'il n'y a pas une «dynamique-Perpignan». Et arrêtons cette querelle stérile de rat des villes et de rat des champs. Jean-Paul Alduy n'est pas à courtiser, il connaît très bien la situation ; il sait que mon vœu le plus cher c'est de faire un rassemblement d'hommes et de femmes sur un projet (...). Vous me posez la question sur ma candidature pour occuper le fauteuil de président du Conseil général, je vous réponds sans détour que je ne me bats pas pour moi, mais je me bats pour le département ! Oui je soutiens Paul Soulié à Saillagouse, Marcel Amouroux à Elne, Marcel Zidani sur le canton de Perpignan III, Yves Rousselot à Saint-Estève, oui je soutiens Jacques Bouille sur la Côte-Radieuse, à Canet et à Saint-Cyprien*».

Quand on lui demande s'il est toujours à couteaux tirés avec Claude Barate, Paul Blanc esquive : «*Je vous laisse le choix des interprétations. Disons qu'aujourd'hui tout me laisse à penser que Claude Barate a tiré les leçons de son échec aux municipales de Perpignan. D'ailleurs, pour les cantonales, vous remarquerez qu'il s'est mis en retrait... Il faut cesser le combat d'hommes. Il faut faire un combat d'idées et de propositions. Nous nous acheminons inéluctablement vers un changement de la classe politique dans ce département. C'est dans la logique et plus rien ne l'arrêtera. Il suffit de voir ce qui a eu lieu à Perpignan avec Jean-Paul Alduy, pour en être convaincu*».

L'Après-Marquès serait donc cette source bénéfique qui alimenterait le «renouveau»...

Jean-Paul Alduy, lui aussi, partage cette «fine analyse» en 1994. Depuis «sa» Loge, le jeune maire de Perpignan (cela fait à peine 9 mois qu'il est en place), prône, plus délicatement c'est vrai dans le vocabulaire, «*une nouvelle culture politique*» dans les Pyrénées-Orientales. Et comme il n'est pas du genre à faire tapisserie ou à la mettre en veilleuse, Jean-Paul Alduy se laisse aller à quelques confidences dans la presse : «*Notez qu'aucun membre de mon équipe Perpignan-Oxygène n'est candidat aux élections cantonales de mars 1994. C'est là un fait suffisamment rare pour être signalé, dans un pays où chaque élection réveille les démangeaisons d'ambitions personnelles et les jeux byzantins de partis politiques incapables de se réformer (...). Perpignan-Oxygène est un groupe et non pas un parti, encore moins un clan (...)*».

Pressé de questions sur ses éventuels soutiens personnels dans cette campagne, Jean-Paul Alduy rechigne à sortir un quelconque nom de son chapeau. Après avoir rappelé, la main sur le cœur, qu'il est toujours aussi farouchement opposé au cumul des mandats, sa seule incursion dans l'arène des cantonales sera pour dire : «*C'est vrai que sur le canton Perpignan V, apparemment il y a un seul candidat qui est en harmonie avec nous, c'est l'architecte Jean-Claude Kaiser*».

Le 8 mars, une légère tramontane véhicule dans les rues de Perpignan, et jusque sur le front-de-mer canétois, qu'il y aurait de l'exclusion politique dans l'air.

Ce courant d'air viendrait plus exactement de Paris, du siège national du RPR, où l'on apprécie de moins en moins la dissidence de plus en plus populaire de Monique Grinard. Rien ne va plus. Le duel fratricide que se livre Jacques Bouille et Monique Grinard continue de faire des vagues jusqu'à la rue de Lille. Où les dirigeants, sur ordre d'Alain Juppé, ont convoqué récemment les parlementaires Claude Barate et Paul Blanc, ainsi que l'autre député RPR des P-O, André Bascou, maire de Rivesaltes et Michel Ridray, secrétaire départemental-adjoint du RPR, conseiller municipal de la Ville de Céret.

Le lendemain, les militants et sympathisants roussillonnais du RPR apprennent effectivement que deux des leurs, les Canétois Jean-Marie Bouchard et Jean-Louis Montgaillard, ont été sanctionnés. Ils font les frais du soutien inconditionnel qu'ils apportent à Monique Grinard. Leur réaction ne tarde pas. Ils se disent «*ni étonnés ni gênés*» et ils confirment : «*C'est vrai qu'on nous avait prévenu, qu'on nous avait demandé de soutenir le candidat investi par le mouvement (...). Nous maintenons notre choix pour Monique Grinard. C'est un problème qui se règlera après les élections, puisque maintenant la campagne est bien engagée*».

A une dizaine de jours du premier tour, Monique Grinard continue la provocation. Elle publie la première liste de son comité de soutien. On y découvre les noms de : René Conte, ancien trésorier démissionnaire de la fédération départementale RPR des P-O, Ghislaine Grangé, conseillère municipale de Canet-en-Roussillon, Pierre-Michel Grégoire, conseiller municipal de Canet, Pierre Mérico, conseiller municipal de Canet... Jean-Jacques Vila, maire de Port-Vendres, Jean Rède, maire de Banyuls-sur-Mer et vice-président du Conseil général, Jean-Luc Malé.

Pendant ce temps, Arlette Franco, maire de Canet-en-Roussillon, fait une pose pour des journalistes scandinaves devant le Village des pêcheurs, avec en arrière-plan l'étang et le Canigou : «*le lieu le plus photographié du département*», savoure-t-elle.

Pendant ce temps encore, depuis son mas-résidence secondaire à Oms, Paul Alduy, qui s'ennuie, lui qui depuis un demi-siècle n'a jamais loupé une élection (en tant que candidat !) dans les P-O, met son grain de sel. Il fustige un candidat, Jean-Claude Courty, proche de son ancien premier adjoint, Claude Barate, qui a eu la mauvaise idée dans son prospectus de campagne de s'attribuer certaines réalisations municipales, dans le centre-ville, «*au terme d'un mandat bien rempli*». Paul Alduy est furieux. Il va le faire savoir en inondant le canton du centre-ville - du Castillet à Saint-Mathieu - (Perpignan VI) de milliers de tracts, sur lesquels on peut lire, sous une plume corrosive : «*La réhabilitation des vieux quartiers étant placée sous la responsabilité de Claude Barate, dont Jean-Claude Courty était le suppléant, si Jean-Claude Courty veut s'attribuer les mérites de la réhabilitation qu'il s'attribue aussi celui du désastre financier de Dauder-de-Selva, qui a coûté 7 milliards de centimes à la ville et aux contribuables perpignanais. M. Courty s'est opposé à la reconstruction du Marché de la place République et il a freiné tant qu'il a pu l'Espace Méditerranée (...)»*. Au passage, Paul Alduy demande aux électeurs de sanctionner Jean-Claude Courty en appelant à voter pour sa protégée Marie-Cécile Pons.

Le dimanche 20 mars 1994, lors du premier tour des élections cantonales, deux grosses surprises émergent des urnes : le maire d'Estagel, Antoine Sarda, PCF, est le seul élu de ce premier tour, avec 61,66% des suffrages exprimés (canton de Latour-de-France) ; Jacqueline Amiel-Donat est éliminée dans le canton du Moulin-à-Vent (Perpignan IV), où elle ne réalise que 18,07% des suffrages exprimés, derrière : Jean-Louis de Noëll (FN), 21,72% ; Jean Rigual (RPR), 19,83% ; et Pairet (UDF), 18,94 %.

Sur la Côte-Radieuse, Monique Grinard, conseillère générale sortante, qui se présente sous l'étiquette divers-droite, se retrouve en ballotage difficile car, avec 2 187 voix (20,66% des suffrages exprimés), elle n'arrive qu'en troisième position, derrière : Jacques Bouille, RPR, 3 320 voix (31,36% des suffrages exprimés) , et Jean Codognès, divers-gauche, 2 348 voix (22,18%). MM. Breton, pour le FN, avec 1 625 voix (15,35%) et Pumareda, pour le PCF, 1 108 voix (10,46 %) ferment la marche.

Monique Grinard reste en piste pour le deuxième tour. Elles sont d'ailleurs quatre femmes en ballotage : Jacqueline Alduy (Arles-sur-Tech), Marie-Cécile Pons (Perpignan VI), Marie-Louise Vigué (Perpignan V) et donc Monique Grinard sur la Côte-Radieuse.

Entre les deux tours, la bataille s'intensifie et les pressions se font de plus en plus fortes autour (de) et sur Monique Grinard afin de la dissuader de remettre ça.

C'est d'abord Paul Blanc qui (re)monte au créneau : *«Je ne comprends vraiment pas l'attitude de Monique Grinard qui se dit RPR et qui continue à combattre un candidat, le docteur Bouille en l'occurrence, RPR, maire de Saint-Cyprien, arrivé largement en tête au soir du premier tour, et qui défend les mêmes idées qu'elle ! Je trouve que c'est bien une regrettable et très dommageable image de division, alors que nous devons défendre des idées et des valeurs communes (...)»*.

De son côté, Jean-Paul Alduy libère l'oxygène, dans un court communiqué, en se félicitant *«du très bon score»* réalisé par son favori, Jean-Claude Kaiser. Au second tour, il appelle à voter pour Jean-Claude Kaiser, Marie-Cécile Pons et André Comaills. Son père, Paul Alduy, déplore *«un climat fétide»* dans le canton du Moulin-à-

Vent et s'en émeut.

Le 22 mars 1994, c'est Alain Juppé qui intervient carrément pour tenter de faire plier Monique Grinard. Dans un courrier, il la somme «*de retirer sa candidature au second tour, afin d'éviter que la gauche, fortement minoritaire dans ce canton, ne puisse, à la faveur d'une triangulaire, ravir ce canton à la majorité*». Alain Juppé fait appel aux valeurs du gaullisme qui sont celles de Monique Grinard, afin qu'elle retire sa candidature au second tour. Rien n'y fait. Elle campe sur ses positions. Elle n'a plus d'ordre à recevoir du RPR. Elle affirme même «*Que le gaullisme n'existe plus dans le Roussillon*» !

Même si les jeux semblent faits, si le sort en est jeté, Monique Grinard continue de recevoir de nombreux messages d'encouragement et de soutien, qu'ils viennent des milieux économiques, sociaux-professionnels, de simples particuliers, ou qu'ils émanent de la classe politique.

Jean-Luc Malé, conseiller général UDF du canton de Prades et fils de l'ancien sénateur-président du Conseil général, est venu faire campagne à ses côtés à Canet-en-Roussillon.

René Marquès est également resté proche de celle, bavarde impénitente, dont il a toujours loué «*les convictions, fortes, tout comme son engagement dans l'action sociale. On peut dire d'elle, Monique, qu'elle a su se mouiller pour protéger les plus faibles. Je pense notamment à sa manière de prêter le flanc à des causes que d'autres auraient abandonné tant elles paraissaient perdues d'avance. Elle, au contraire, a risqué sa peau pour sortir de la chronique d'une misère annoncée, des petits commerçants, des artisans... Il fallait la voir et l'entendre débouler, par exemple, dans les services fiscaux. C'était grandiose*». C'est le même René Marquès qui, au lendemain de la défaite de Monique Grinard, confiera à l'un de ses proches : «*Entre elle et moi, il y avait une réelle complicité, je dirai même un problème amical. Elle était toujours près de mes soucis, à se battre avec les siens pour me défendre quand il y avait un dossier épineux au sein de ma majorité départementale. Elle était vis-à-vis de moi d'une gentillesse sans arrière-pensée et spontanée*».

Même Jacques Coupet, l'ancien maire UDF de Canet-en-Roussillon, vole au secours de Monique Grinard - parce qu'il souhaite la victoire de celle-ci... ou plutôt la défaite de Jacques Bouille, que soutient celle qui l'a battu aux municipales de 1989 à la mairie de Canet, Arlette Franco ? - en appelant à voter pour la conseillère générale sortante.

Dans un communiqué griffonné sur sur un vulgaire bout de papier, et que le Comité de soutien à Monique Grinard s'empresse de rendre lisible, Jacques Coupet écrit : «*Canétoises, Canétois, vous allez voter pour votre conseiller général dimanche prochain. Je considère que notre meilleur candidat est Monique Grinard, qui depuis 12 ans œuvre pour Canet et le département. Son principal adversaire est le maire de Saint-Cyprien, station touristique concurrente. Je vous invite à vous rendre aux réunions publiques de Monique Grinard, qui auront lieu les...*».

Le dimanche 27 mars 1994, Monique Grinard est battue à plates coutures. Le score est sans appel, sans contestation possible : Jacques Bouille, 4 450 voix (40,94% des suffrages exprimés) ; Me Jean Codognès, 3 734 voix (34,35%) ; Monique Grinard, 2 685 voix (24,70%).

C'est donc le maire de Saint-Cyprien qui ravit le canton de la Côte-Radieuse. Il fait son entrée dans l'hémicycle départemental avec six nouveaux élus pour lesquels, comme lui, c'est une première fois : Georges Armengol (51,48%), à Saillagouse ; Jean-Claude Kaiser (60,23%), sur le canton Perpignan V ; Marie-Cécile Pons (51,62%), sur le canton Perpignan VI ; Jean Rigual (58,22%), sur le canton du Moulin-à-Vent (Perpignan IV) ; Yves Rousselot (52,78%), sur le canton de Saint-Estève... et un certain Christian Bourquin (53,96%), PS, à Millas - qui succède à son beau-père, François Beffara - et qui s'est largement imposé face au candidat de la droite qui n'est autre qu'un ancien préfet des Pyrénées-Orientales (rien que ça !), Francis Boot (46,04 %).

Parmi les conseillers généraux sortants qui se représentaient à ce scrutin, sont réélus : Jean Galindo (à Olette), Jean Vila (Cabestany/ Saint-Gaudérique), André Comaills (Perpignan VIII), Narcisse Planas (Elne), Louis Caseilles (Toulouges) et Jacqueline Alduy (Arles-sur-Tech/ Amélie-les-Bains).

Paul Blanc est déjà enfermé dans son bureau à triple serrures. Une ligne téléphonique est ouverte en permanence avec la rue de Lille, à Paris. Un (dé)colleur d'affiches, et dont le vrai métier consiste à prêter son incompétence à son employeur (la Ville de Perpignan) à la petite semaine, a pris grand soin, auparavant, de vérifier si «on» n'avait pas planqué des micros. Les rideaux sont baissés (des fois qu'un paparazzi ou qu'un espion veillerait en façade...). Une machine à broyer du fax et toutes sortes d'écrits plus ou moins compromettants, comme du papier qui risquerait de laisser des traces, fonctionne à plein régime. Le sénateur-maire de Prades est, comme à l'accoutumée, affublé de ses deux inséparables valets - Jean-Louis Biroste et Patrice Bertrand (1) - soumis et flatteurs avec un excès de zèle tel, qu'ils n'éprouvent plus que du mépris pour celles et ceux qui émettent ne serait-ce qu'un simple avis contre leur maître. Ils sont certes débrouillards, plein de vitalité, ils ont l'oeil et l'oreille, le sens de la répartie - ils ne sont pas si proches du pouvoir par hasard - ils ont l'humour cinglant, mais jamais méchant ; Paul Alduy les a définitivement surnommés «les infiltrés». Rien, désormais, ne leur fera croire et craindre le contraire : ils vont gagner et s'installer aux commandes du Conseil général des P-O, c'est sûr et certain. C'est écrit. Ils en sont à faire le ménage, et gare à l'élu RPR du Département qui oserait s'aventurer à sortir du rang de Paul Blanc. Tout cela n'est pas très reluisant.

Les gros titres de la presse locale et régionale, au lendemain de ce second tour des élections cantonales, affirment «*Que la Cerdagne est passée à gauche... Et que le RPR s'impose à droite*».

René Marquès, c'était jusque-là un secret de Polichinelle, confirme qu'il est «*naturellement*» candidat à sa propre succession à la présidence du Conseil général. Et que, lui aussi, il est sûr de lui. Son majordome et suppléant au sénat, Louis Puig, originaire de Ponteilla-Nyls (commune dont il est le maire depuis 2001), veille tout-particulièrement au grain, en tirant toute la journée d'interminables bouffées de barreau de chaise, grand amateur de cigares qu'il est devant l'Eternel. Lui aussi, à l'image des deux comparses qui entourent Paul Blanc, n'est guère populaire parmi le personnel du Conseil général, chez les élus comme chez les employés. Son

---

*(1) Après un passage éclair dans le staff d'Arlette Franco, maire de Canet-en-Roussillon, Patrice Bertrand rejoint la mairie de Saint-Cyprien, en 1992, pour y occuper le poste de Directeur de cabinet, jusqu'au 31 juillet 1993. Puis, à partir du 1er août 1993, Jacques Bouille, le maire, le fait entrer à l'EPIC-OT et le nomme Directeur de l'Office de Tourisme. Le 4 décembre 2003, Patrice Bertrand devient Directeur de l'Office de Tourisme et de Grand-Stade de Saint-Cyprien. Il a pris sa retraite en décembre 2009.*

comportement et ses opinions sont souvent interprétés comme «tranchants». Car il est instinctif et rigoureux. Malgré son humeur et son attitude débonnaires. Mais René Marquès sait qu'il peut compter sur lui, il a d'ailleurs une absolue et illimitée confiance en Louis Puig, fidèle, même dans l'accomplissement des besognes les plus délicates.

Paul Blanc est toujours scotché à son bureau. Ses vaguemestres courent encore et encore dans tous les sens, dans tous les couloirs, à tous les étages de l'Hôtel du Département. Il arrive parfois à l'un d'entre eux, de s'y perdre... et d'aller croiser le fer dans les étages du bâtiment voisin, en Préfecture.

Paul Blanc fait ses comptes : maintenant, au sein du Conseil général des P-O, le RPR c'est huit voix : la sienne, à laquelle il ajoute Françoise Barate, Jacques Bouille, André Comaills, Alain Marti, Jean Rède, Jean Rigual et Yves Rousselot. Cela fait bien huit élus RPR, le compte est bon ! Mais pour qui ?... Car là est vraiment la question.

La confrontation pour le perchoir de l'Assemblée départementale est programmée pour dans quatre jours, seulement. Et, ça ne s'invente pas, elle se déroulera un 1er... avril !

La tribu des «alduyistes» fait connaître sa préférence : tous ensemble derrière Paul Blanc ! On s'en doutait un peu. Jacqueline Alduy, Jean-Paul Alduy et Jean-Claude Kaiser se rangent comme un seul homme derrière, ou plutôt aux côtés du sénateur-maire de Prades et conseiller général de Sournia. Donc, logiquement, huit voix RPR plus trois voix «alduyistes», cela fait onze voix pour le docteur Paul Blanc. Le sort paraît donc être scellé et la cause (bien) entendue. Mais, car il y a un «mais» : les mauvaises langues ont toujours prétendu que pour être sûr d'avoir la famille Alduy avec soi, il était plus prudent de l'avoir contre soi...

René Marquès, de son côté, comptabilise également huit voix, mais lui, à la différence de Paul Blanc, il est assuré, ironise-t-il, de les avoir toutes : «*Je vais vous faire une confidence*», dit-il, «*moi, je sais que je voterai pour moi... Je n'en suis pas si sûr de mon ami et confrère Paul Blanc en ce qui le concerne*». Aux côtés du président sortant du Conseil général, s'affichent : Marie-Cécile Pons, le «farraniste» Jean Galindo, Jean-Luc Malé, les docteurs Bernard Nicolau et Emile Parès, Henri Soler et Aubin Roca. Cela fait toujours huit. Là aussi, le compte y est.

Le jour «J», vendredi 1er avril 1994, arrive.

Il est 11 h 30. Dès le premier tour de scrutin, René Marquès conserve son siège. Le score est une fois de plus sans appel : René Marquès (UDF) 14 voix (!), Henri Sicre (PS) 5 voix, Paul Blanc (RPR) 5 voix également, Antoine Sarda (PCF) 2 voix... et 4 bulletins blancs ou nuls.

Le nouvel exécutif de l'Assemblée départementale se présente comme suit, derrière René Marquès : Emile Parès (1er vice-président), le socialiste Louis Caseilles (2e), Jean Rède (3e), Jean-Luc Malé (4e et porte-parole), Françoise Barate (5e), Jean Galindo (6e), Aubin Roca (7e), André Comaills (8e), Bernard Nicolau (9e) et Jacques Bouille (10e). Jean Rigual est à la questure, tandis que le Radical de Gauche Jacques Bordaneil devient 1er secrétaire et Yves Rousselot, 2e secrétaire.

Le lendemain matin, samedi 2 avril 1994, en ouvrant sa boîte aux lettres, qui déborde de messages d'amis, de célébrités et d'inconnus lui rendant un hommage appuyé malgré son échec électoral, Monique tombe sur un mot de Jean-Paul Alduy.

Le bristol, libellé aux couleurs de la «fidelissima vila de Perpinyà», reprenant en entête toutes les fonctions de Jean-Paul Alduy - polytechnicien, ingénieur en chef des ponts et chaussées, conseiller général et maire de Perpignan - est manuscrit avec, en haut, la mention «*strictement personnel*». Jean-Paul Alduy lui écrit : «*On s'est rencontré hier dans les couloirs du cirque départemental... Tu avais le cœur gros et je voulais ici te dire toute mon affection dans ces jours de tristesse (...)*». Et Jean-Paul Alduy va plus loin en livrant à Monique Grinard les noms de ceux qui l'ont trahis pour cette élection cantonale, évoquant un complot sur la base d'un même réseau d'influence. Il termine : «*Quant à moi je ne ferai jamais partie de cette bande de minables. Même si le succès n'est pas au rendez-vous il y aura toujours le respect des amis sincères et la fierté de ne les avoir jamais déçus. Je t'embrasse*».

Chapitre V

# Merveilleusement désenchantée

Seize années après avoir été battue aux élections cantonales de mars 1994, et vingt-huit ans après sa première élection de conseiller général sur le canton de la Côte-Radieuse, c'était en mars 1982, Monique Grinard évoque - sans langue de bois - celles et ceux qui ont été avec ou face à elle dans tous ses combats politiques sur le sol roussillonnais...

**- Simone Parrot, alors maire PCF d'Alénya et conseillère générale sortante sur le canton de la Côte-Radieuse, qu'elle a battue en 1982**

*«Elle m'a beaucoup blessée, lors de la campagne électorale. Parce qu'il y eut un tract malheureux de sa part avec des attaques contre moi d'une rare violence. Elle m'a considérée comme une farfelue, quelqu'un de folklorique, quelqu'un d'incapable de comprendre les petites gens, le peuple, parce que soi-disant j'étais une châtelaine, de surcroît richissime. Elle dressait de moi dans ce tract de campagne le portrait d'une arriviste qui venait en politique pour en profiter... C'était au vitriol ! Et, surtout, ce n'était pas moi. Cela ne me ressemblait pas du tout. Moi, j'étais l'inverse de tout cela. j'étais une travailleuse, une «bosseuse», une paysanne, plutôt «cul-terreuse» que mondaine, même si beaucoup d'artistes et d'intellectuels sont venus dans mon mas à Oms. C'était le soir, ou le week-end, mais la journée, je travaillais aussi la terre, j'avais des emprunts à payer, j'étais veuve avec trois enfants... Non, vraiment, La Palmère n'avait rien de la Ferme Célébrités. Alors, je sais bien que nous étions en campagne électorale, mais c'était quand même dur à encaisser. Elle a voulu m'enfermer dans un rôle.*

*Après, la page des élections tournée, je ne lui en ai pas voulu. C'était déjà de l'histoire ancienne. Chacune, comme on dit, est retournée à ses moutons.*

*Lorsque j'ai été élue, j'ai fait tout ce que j'ai pu, avec mon mandat de conseiller général, pour la prospérité de sa commune, Alénya. Je ne sais pas si j'y ai bien réussi, mais j'ai toujours fait en sorte que tous les projets qu'elle désirait pour son village et qui avaient besoin d'une aide du Département, soient soutenus par le*

*Conseil général. J'ai essayé de les porter, de les mener à bien avec elle, de les accompagner. J'ai agi de la même manière avec ses successeurs au sein du conseil municipal d'Alénya, lesquels n'étaient pas pourtant de mon bord politique, même si je n'aime pas mêler la politique à mon action d'élue, mais nous avons poursuivi le chemin dans la continuité pour Alénya. En travaillant main dans la main.*

*J'ai agi pour la population du canton. Après mon élection, j'ai d'ailleurs eu d'excellentes relations avec tous les maires, et notamment ceux des petites communes, que ce soit Alénya, mais aussi Saint-Nazaire, Saleilles et Latour-Bas-Elne. Et même, lors de mon premier mandat, avec le maire de Saint-Cyprien, Jean Olibo».*

**- Justement, Jean Olibo :**

*«J'ai toujours eu un grand respect pour l'homme. Peu importe les enfantillages qui ont pu nous éloigner, parfois. Cela ne durait jamais trop longtemps. Il était à mes yeux un vrai gaulliste, j'allais presque dire le seul authentique gaulliste parmi les élus dans le département. Donc, à partir de là, je lui pardonnais tout. Je m'en fichais complètement que son cœur et sa tête penchent plutôt à gauche, peu m'importait qu'il soit communiste ou socialiste, il était à mes yeux et avant-tout gaulliste. Et un gaulliste historique ! Moi, c'est l'homme qui m'intéressait. C'est l'homme que j'ai aimé.*

*La première fois que je me suis présentée aux cantonales, c'était aussi contre lui. Je pensais que contre lui je n'avais aucune chance. Car il était maire de Saint-Cyprien, une grande commune du canton déjà, car il était très estimé, un homme respecté. Et un homme respectable.*

*Lorsque au premier tour il a été battu, il m'a proposé tout son staff de campagne pour m'aider jusque au second tour, il a demandé à des gens de son comité de soutien de me donner un coup de pouce. Il ne m'a rien demandé en échange si j'étais élue. Il m'a simplement dit : «Votez pour Guy Malé à la présidence du Conseil général, c'est un homme qui fera du bien au département»...*

*Jean Olibo a été un très bon maire pour Saint-Cyprien. C'est quand même lui qui a dessiné l'urbanisation de la ville, qui a imaginé et conçu l'espace des Capellans, avec Grand-Stade, les musées. Il a été un maire visionnaire, curieux de son temps, un bâtisseur mais dans le sens noble du terme. Pas un promoteur. C'est lui qui a ancré Saint-Cyprien dans sa vocation touristique, dont nous profitons tous aujourd'hui, et qui en fait l'une des stations balnéaires parmi les plus dynamiques sur la façade méditerranéenne française. En plus, on peut lui tresser des lauriers car les aménagements qu'il a impulsés ont le mérite de n'avoir pas défiguré la commune.*

*Nous avions des liens si forts qui nous unissaient, que nous avons continué à nous voir bien longtemps après qu'il ne soit plus maire. Il s'était isolé de tout le monde, sur la scène publique, et malgré ça on se retrouvait. Il habitait près de chez moi à Perpignan, dans le quartier des Remparts. Avec son ami Roger Delcros, nous allions le chercher et l'emmenions pour aller déjeuner ensemble. J'allais souvent le voir chez lui.*

*C'est vrai que quand nous étions tous les deux élus, de 1982 à 1989, il n'a pas toujours été tendre avec moi, mais il a toujours été correct. D'une correction exemplaire. C'était un monsieur. Quand, par exemple, j'arrivais sur le port de Saint-Cyprien, à l'occasion d'une cérémonie, d'une réunion quelconque, en ma qualité de présidente de la commission départementale Littoral, Ports et pêche, il faisait en sorte qu'on me donne la parole à chaque fois».*

**- Jacques Bouille, maire de Saint-Cyprien de 1989 à 2008, conseiller général de 1994 à 2008 :**

*«Jacques Bouille a succédé à Jean Olibo à la mairie de Saint-Cyprien en 1989. Ce sont deux types de management différents, deux méthodes de fonctionnement radicalement opposées, j'irai même plus loin en disant deux styles qui s'affrontent. Et pourtant, la population de Saint-Cyprien les a installés dans le même fauteuil, celui de maire. C'est plutôt étonnant. En tout cas, je me suis rendue compte très vite qu'avec Jacques Bouille ce serait différent, très différent.*

*Déjà, Jacques Bouille n'était pas gaulliste. En 1982, lorsque je me suis présentée, il n'était pas encore au RPR. Sa femme, Marie-Antoinette Bouille, oui, y était. Mais pas lui. Il avait l'air d'avoir une certaine aversion pour les partis politiques. D'ailleurs, je me souviens, un jour que j'étais chez eux, que nous discutions avec son épouse, il revenait de sa tournée de médecin, il est rentré dans le salon, il est passé et il nous a dit : «Ah !, vous faites encore de la politique», l'air complètement dédaigneux, comme si pour lui la politique était une maladie incurable.*

*Puis il est devenu maire. A partir de là, à partir de son élection à la mairie de Saint-Cyprien, j'ai vécu la pire des choses que peut vivre un conseiller général dans l'exercice de ses fonctions : jamais invitée aux cérémonies officielles, et quand j'arrivais sur le terrain on me disait : «Ah, excusez-nous, on a oublié de vous prévenir, mais la réunion a été reportée».*

*C'est un homme que j'ai jugé comme n'étant pas franc, qui était ambitieux. Mais ambitieux pour lui et pas pour Saint-Cyprien. Il m'a laissé très froide.*

*Voilà pour nos rapports d'élu à élu.*

*Pour ce qui est de «l'affaire Bouille», j'étais plus ou moins au courant, plus au courant que le vulgum pecus, moins au courant que les enquêteurs, peut-être. Mais cela faisait longtemps que des bruits couraient sur cette affaire autour de lui. J'étais au courant, mais j'estimais que cela ne me regardait pas.*

*Lorsque le problème est arrivé sur la voie publique, je n'ai donc été nullement étonnée, mais je ne pensais pas que le problème serait d'une telle ampleur, que cela irait aussi loin. Je me suis abstenue de tout. Je n'ai rien dit. Là où, en revanche, j'ai été un peu compatissante, et surtout choquée, c'est lorsque sa propre formation politique, l'UMP, alors que Jacques Bouille venait à peine d'être incarcéré, l'a abandonné, mis en dehors du parti. Je pense là plus particulièrement aux deux députés UMP du département, qui ont tenté de faire croire que Jacques Bouille n'avait jamais été membre de l'UMP, ou qu'il n'y était plus depuis des lustres. J'ai trouvé ce comportement lamentable de leur part, indigne d'un parlementaire. Alors que Jacques Bouille n'était pas encore jugé, et donc a fortiori pas encore condamné, ils l'ont lâché, précipitant d'autant plus sa chute dans l'opinion publique.*

*Au fond de moi, j'ai toujours pensé que la fin serait tragique. Je l'ai beaucoup plaint pendant tout le temps de son incarcération.*

**- Jacques Coupet, maire de Canet-en-Roussillon jusqu'en 1989 :**

*«Coupet, l'entreprenant entrepreneur ! Un bâtisseur, également. Mais surtout un constructeur. Quoi qu'on en pense, quoi qu'on en dise, Jacques Coupet restera comme l'un des plus grands maires bâtisseurs. Peut-être même le seul de la décennie des années 80 dans le département.*

*Tous les deux, entre nous, cela n'a pas été souvent la lune de miel, il faut bien l'admettre, mais c'est aussi parce que tous les deux nous avions un caractère de cochon !*

*Il aimait sa ville. On ne peut pas dire que Coupet n'aimait pas*

*Canet. Il a mis de la gaieté dans Canet, il en a fait une vraie ville touristique. C'est lui qui a rendu célèbre Canet dans le cœur des Toulousains. Il en a fait une clientèle de proximité vitale pour contribuer efficacement au développement économique et commercial de Canet. Quand on voit ce que Canet est devenue par la suite... Presque si Canet aujourd'hui n'est pas le wagon d'une locomotive nommée Sainte-Marie !*

*Je n'ai pas été très gentille avec Coupet, c'est vrai. Rappelons-nous que j'ai œuvré avec force pour la séparation, en 1983, de Saint-Nazaire et Canet, afin que la première commune retrouve son indépendance. C'était la volonté de la population de Saint-Nazaire. Cela a été son choix. Il a fallu revoter pour cela. Je m'y étais fermement engagée en tant que conseiller général. Coupet a toujours considéré que j'étais la cause politique directe du rétrécissement de son territoire communal. Mais pour moi, c'était tellement évident qu'il y avait là deux villages, avec leurs identités affirmées, et donc qu'il devait y avoir deux conseils municipaux, deux maires.*

*Après cet épisode des municipales de 1983 et les malentendus qui ont suivi, nous avons fini par nous retrouver et Coupet m'a toujours bien reçu dans sa commune. Nous avons discuté ensemble sur les projets canétois.*

*C'est vrai que j'ai eu tort de me présenter contre lui en 1983.*

*Je sortais d'une belle victoire aux cantonales, en 1982. J'étais aveuglée par ce succès. Mais c'est nul ce que j'ai fait à ce moment-là, en 1983, car j'étais nullement destinée pour diriger une mairie. Je n'y étais pas préparée, ce n'était pas pour moi, mais j'étais poussée par mes «coco-boys».*

*A partir de la seconde moitié des années 80, les deux têtes de cochons se sont bien entendues et nous avons fait un bon bout de chemin ensemble. Coupet est devenu avec moi d'une politesse extrême.*

*Il m'arrive de le revoir aujourd'hui. J'ai été l'une des premières à me précipiter à sa rencontre lors de la dédicace de son livre. Il m'a écrit : «A Monique ; après de difficiles débuts entre nous, un très agréable rapprochement par la suite». Voyez, nous sommes sur la même longueur d'onde.*

*Il a été un bon maire».*

**- Arlette Franco, qui a battu Jacques Coupet aux élections municipales de 1989, qui a cumulé son mandat de maire de**

**Canet-en-Roussillon avec celui de député jusqu'au 31 mars 2010, après avoir été conseillère régionale (vice-présidente de la Région) de 1992 à 2004 :**

*«Alors elle, on peut dire qu'elle m'en a fait voir, baver !*

*A partir du moment où elle a été élue maire, en 1989, qu'est-ce que j'ai eu à subir de sa part. Je crois qu'Arlette Franco avait un problème avec les femmes. Elle ne les aimait pas.*

*Certes, c'était une sacrée personnalité, elle avait du caractère. C'était une personne très volontaire. Qui a réussi, c'est indéniable. Personne ne peut le nier. Sauf, peut-être, à lui reprocher la manière. Elle a voulu arriver, elle y est arrivée. C'est son succès, c'est sa réussite. Personnellement, comme maire de Canet je n'ai rien à lui reprocher. C'était sa vie. C'était sa façon de mener la barque.*

*A la différence de son prédécesseur, Jacques Coupet, je n'ai jamais pu lui dire quelque chose. Lorsque je lui disais par exemple qu'elle avait eu tort d'arrêter le Musée du Père-Noël, de vouloir systématiquement détruire ce qu'il avait mis en place, je voyais bien qu'elle s'en fichait comme de l'an 40. Cela lui passait par-dessus la tête ; ça rentrait d'un côté et ça sortait de l'autre.*

*Dès son élection, elle n'a eu de cesse que de vouloir m'abattre, politiquement parlant. Elle s'est très bien entendue avec Bouille pour atteindre cet objectif, et ils ont réussi leur coup. En 1994, j'étais (a)battue. Sauf que moi je suis tombée la tête haute !*

*Pendant ces années-là, heureusement que j'avais mes «coco-boys» pour me soutenir, des gens comme Montgaillard qui ont été extraordinaires à mes côtés. Je ne les remercierai jamais assez.*

*J'ai quand même voté pour Mme Franco aux dernières élections municipales, en 2008. Car sur sa liste il y avait des copains à moi. Comme Pierre Mérico. J'ai même fait partie de son comité de soutien. C'est pour dire si avec le temps, on s'améliore.*

*Je n'ai reçu que des affronts de sa part. Mais je lui pardonne tout.*

*Maintenant, je peux dire que je sais. Je sais ce que je dois penser d'une certaine politique, de certains hommes politiques, et ce n'est pas bien beau».*

**- Guy Malé, président du Conseil général de 1982 à 1987, sénateur de 1983 à 1987 :**

*«C'est, pour moi, l'homme exceptionnel. Heureusement qu'il a été là, quand j'ai été élue pour la première fois en 1982. Grâce à*

*lui, le Conseil général, avec ses élus, avec ses personnels, est vite devenu ma seconde maison, ma seconde famille. Je lui dois beaucoup. Il m'a guidé. Je faisais ce que je voulais, je pouvais entrer dans son bureau à tout moment, sa porte était toujours ouverte pour moi.*

*C'est lui qui m'a envoyé à Bruxelles pour «rencontrer» l'Europe. Ainsi, j'ai pu fréquenter des hauts-fonctionnaires, m'entretenir avec des ministres. Il m'a poussé à aller jusqu'au bout de mes convictions. J'ai beaucoup appris à ses côtés. Il a été un grand président de Conseil général. Il aimait les Catalans, il aimait son département. Jamais je ne pourrais l'oublier. Ni lui, ni sa famille, ni son fils Jean-Luc».*

**- René Marquès, maire de Saint-Laurent-de-la-Salanque de 1983 à 2001, président du Conseil général de 1987 à 1998, sénateur de 1992 à 2001 :**

*«Il a succédé à Guy Malé. Deux hommes au style très différent. Cela n'avait rien à voir. J'ai eu de très bons rapports avec Marquès pendant mes deux mandats. C'était un homme très agréable. J'ai même combattu mon propre parti pour le soutenir, car je suis très légaliste et j'estime qu'un président élu doit être respecté et non affaibli par des querelles partisanes.*

*Il s'est également dévoué pour le Conseil général. Il a été quand même le champion de notre désenclavement routier en misant prioritairement sur la modernisation du réseau départemental, même s'il reste «toujours plus» à faire.*

*Lui aussi, lorsqu'il avait confiance en un élu, qu'il le sentait capable, il n'hésitait pas à lui desserrer la bride, à lui déléguer des responsabilités».*

**- Paul Alduy, maire de Perpignan de 1959 à 1993, député de 1956 à 1981, sénateur de 1983 à 1992 :**

*«Il restera pour moi et avant tout l'homme politique, un grand ami. Je l'ai bien connu avec son épouse, on sortait souvent ensemble, je les recevais régulièrement à Oms. Il a été un grand maire de Perpignan, c'est évident. Nous avons eu des relations très amicales pendant longtemps.*

*Pour moi, Paul Alduy est de la race des grands maires de P-O, comme les Noguère, Pams, Grégory... Comme aussi Arthur Conte aurait pu l'être, le devenir, si, ici, dans le département, chez nous, chez lui, on l'avait mieux compris, mieux accepté».*

**- Jacques Farran, conseiller général, président de la Chambre de commerce et d'industrie (CCI) de 1970 à 1991, député de 1986 à 1993 :**

*«C'était un homme politique, particulier, qui a très bien représenté le département à une certaine époque. Et surtout à Paris, là où il fallait se montrer pour décrocher quelques influences. Nous n'avons plus aujourd'hui des figures, des personnalités de cette dimension pour nous représenter à l'extérieur des P-O. C'est là mon point de vue. Il avait la stature, la classe, une certaine élégance, du bagou, un humour grinçant... Il ne laissait personne indifférent parce qu'il dégageait quelque chose... Après, on aimait ou on n'aimait pas, mais, comme on dit, les goûts et les couleurs...*

*Il fait partie de ceux qui m'ont pris sous leur aile à mes débuts d'élue».*

**- Paul Blanc, conseiller général de Sournia de 1973 à 2004, maire de Prades de 1989 à 2001, sénateur depuis 1992 :**

*«Qui ça ? Ce n'est pas que je veuille faire la sourde oreille, mais j'entends de plus en plus mal... Ah, Paul Blanc... Je crois que nous n'avons pas eu beaucoup d'atomes crochus entre nous».*

**- Claude Barate, 1er adjoint de la Ville de Perpignan de 1983 à 1993, député de 1986 à 1997 :**

*«Il aurait pu être un grand homme politique. Car il est intelligent, volontaire, mais, malheureusement, il ne supportait personne, en particulier celles et ceux susceptibles de lui porter la contradiction... ou de lui apporter des idées. On l'a vu quand il s'est installé aux commandes de la fédération départementale du RPR. Il a tout «trusté». On ne pouvait plus rien faire, plus rien dire, critiquer comme proposer. Il fallait s'aligner sur sa stratégie et reconnaître que c'était la meilleure, point à la ligne.*

*C'est dommage, car c'est un homme d'envergure, qui a du coffre, qui méritait incontestablement un autre destin.*

*Pour ce qui est de l'épisode de 1994, me concernant, je ne lui en veux pas. Il a fait partie de celles et ceux qui m'ont fait disparaître, mais je crois que lui aussi a disparu».*

# Album photos

# Vie privée

**1926.** A l'âge de 3 mois, Monique remporte
sa première élection... Elle est élue «plus beau bébé de Cognac».

**1928.** A Cognac. Monique avec ses parents et ses deux soeurs.
Elle est à gauche sur la photo.

**1936.** Eglise Saint-Jacques
à Perpignan.
Monique en communiante.

**1941.** Vacances à Formiguères, les pieds dans le lac de Balsères.

**1942.** Monique sur les hauteurs, en Cerdagne.

**1944.** Monique dédicace
une photo d'elle
à ses grands-parents.

**1944.** Monique Galleteau et
Raoul Grinard,
entre fiançailles et mariage.

**1945.** Le 14 juin Monique Galleteau épouse Raoul Grinard en l'église de La Réal, à Perpignan.

**1945.** Le temps des noces, les familles Galleteau, Grinard et Saloum réunies pour la traditionnelle photo.

**1946.** Lors d'une cargolade au Boulou.

**1947.** Balade entre sœurs
à Châtelaillon-plage
en Charente-Maritime.

**1947.** Monique Grinard
lors d'un pique-nique avec
sa belle-maman, Thérèse Grinard
née Saloum.

**1947.** Dans les marais poitevins. Les époux Grinard sont accopagnés de la famille Fontaneilles, de Néfiach.

**Dans les années 50.** Daniel, Serge et Martine, les trois enfants de Monique et Raoul Grinard.

Monique et Raoul Grinard.

Monique (à droite) et sa sœur Gisèle.

Monique Grinard sur les pistes de ski
de Font-Romeu, en Cerdagne.

**1961.** Monique Grinard reçoit ses pairs (conseils juridiques) dans son domaine de La Palmère à Oms.

Monique Grinard avec Jeannette Padovani, grande figure canétoise qui a fait danser le Tout-Perpignan dans son restaurant «L'Hacienda» à Canet-plage dans les années 1970 à 1980. Elle est aujourd'hui décédée et c'est Monique Grinard qui veille sur ses cendres (elle conserve l'urne de la défunte dans sa salle à manger).

# Vie publique

**1982.** Le 21 mars, en attendant, en famille et avec de nombreux amis, les résultats...

... le soir de la victoire ! Monique Grinard vient d'être élue conseillère générale RPR du canton de la Côte-Radieuse.

Jacques Gavalda, Jean-Louis Montgaillard, Monique Grinard, Jean-Marie Bouchard et Henri Justin (de gauche à droite).

Au restaurant «L'Acropole» à Canet-plage : Jean-Louis Montgaillard, Monique Grinard, Jacques Farran, Jeannette Padovani, Jacques Coupet et Claude Barate (de gauche à droite).

Le domaine de La Palmère, à Oms dans les années 1980.

La vie politique départementale se (dé) fait à La Palmère : Michel Berdaguer, Claude Barate, René Marquès et Jacques Farran (de gauche à droite) ... servis par Monique Grinard.

Un 1er juillet à La Palmère, pour l'anniversaire de Guy Malé senateur et président du conseil général des P-O.

**Novembre 1987.** A Prades, lors de l'assemblée générale annuelle de l'association départementale des Veuves civiles. Monique Grinard accueille Guy Malé. Ce sera là, l'ultime photo du sénateur en public.

**1990.** Paul-Louis Rous, Monique Grinard, René Marquès et Pierre Estève.

**1987.** Jean Olibo et Monique Grinard en pleine conversation à la mairie de Saint-Cyprien (photo Michel Jauzac).

**1988.** Monique Grinard et Jacques Coupet, maire de Canet-en-Roussillon.

**1988.** Monique Grinard, René Marquès, Jacques Farran, Jacques Coupet, André Rossinot (député-maire de Nancy) et Paul Alduy sur la place Méditerranée à Canet-plage (de gauche à droite).

Monique Grinard et Jean-Marie Galan, directeur de la SELCY (société mixte pour l'équipement du littoral de Saint-Cyprien).

Monique Grinard à la tribune devant les élus canétois et des membres du Conseil général.

**1990.** Arlette Franco, Jacques Bouille et Monique Grinard (de gauche à droite).

Monique Grinard et Charles Pasqua faisant campagne sur le port de Saint-Cyprien dans le cadre d'élections législatives.

Monique Grinard et Jacques Chirac... au nom du Gaullisme.

Avec Michel Benassis et André Daugnac, pour l'ouverture «du plus beau rond point» du département à Canet-en-Roussillon...

**1989.** Visite du canal entre Cabestany, Saint-Nazaire et Saleilles (photo Michel Jauzac).

Sur les routes.... A Alénya, avec les responsables techniques des grands travaux du Conseil général (photo Michel Jauzac).

Monique Grinard et Jacques Farran, conseiller général et président de la chambre de commerce et d'industrie des P-O, inspectant un chantier routier financé par le Département.

Monique Grinard en pleine intervention dans l'hémicycle de l'assemblée départementale (photo Jean Roig).

**1989.** Le bar-restaurant de Daniel Grinard, «Les Tamaris», sur la plage de Saint-Cyprien.

La fameuse piste cyclable qui longe la route qui relie Canet-en-Roussillon à Saint-Cyprien par les plages.

**1990.** Inauguration de la déviation d'Alénya (photo Michel Jauzac).

Monique Grinard entourée d'Arlette Franco, maire de Canet-en-Roussillon et du Dr René Marquès, président du Conseil général.

Lors du dernier repas de fin d'année (décembre 2009), à l'Hôtel du Département, situé au 24 du quai Sadi-Carnot, à Perpignan, qui rassemble sous la présidence de Christian Bourquin (à l'origine de cette initiative) les anciens et les actuels conseillers généraux des Pyrénées-Orientales : René Marquès (ancien sénateur-maire UDF de Saint-Laurent-de-la-Salanque et ex-président du Conseil général), Jean-Claude Kaiser (ancien conseiller général UDF du canton Perpignan V et actuellement adjoint au maire UMP de Perpignan) et Monique Grinard (photo du haut) ; Monique Grinard et Jean Rède, ancien conseiller général RPR du canton de la Côte-Vermeille et actuel maire UMP de Banyuls-sur-Mer (photo du bas).

# Liste des personnes citées dans cet ouvrage

**MERCI**

Outre les nombreuses journées de discussions avec Monique Grinard, chez elle à Canet-plage, la source des matériaux de ce livre provient d'entretiens réalisés auprès de personnes qui ont eu l'occasion, à divers échelons, de côtoyer Monique Grinard, ou en tout cas de partager son parcours sur la scène publique. Je voudrais remercier ici celles et ceux qui m'ont reçus, aidés et éclairés. Et tout particulièrement : Marie-Cécile Pons, Jean-Luc Malé, René Marquès et Jean-Louis Montgaillard (pour leur mémoire exceptionnelle). Merci aux chauffeurs du Conseil général des Pyrénées-Orientales (pour leurs anecdotes précieuses). Merci aux élus et employés des mairies de Canet-en-Roussillon, Saint-Cyprien et Saint-Nazaire contactés (pour leur efficacité lors des recherches demandées). Merci aux photo-reporters perpignanais Michel Jauzac, Amado Jover et Jean Roig (pour leurs clichés historiques). Merci à Daniel Grinard et Joëlle (pour les grands et savoureux moments passés à leur «Table» canétoise). Merci à Pascal Rioche et à son équipe montpelliéraine de «SPORTMAG» (pour leur aide professionnelle). Merci à celles et ceux, nombreux et nombreuses, qui m'ont encouragé dans cette nouvelle et passionnante aventure littéraire. Un grand et spécial «MERCI» à Laurent Gauze, sans lequel tout ce qui est écrit ici n'aurait jamais pu voir le jour. Merci, enfin, à Monique Grinard, pour sa confiance, sa gentillesse et sa patience. Illimitées !

**L.M.**

***La plus grande attention a été apportée à cet ouvrage. Si quelques erreurs ou omissions s'étaient glissées dans ces pages, veuillez nous en porter diligence.***

***L.M.***

# Table des matières

Société d'édition
978-2-9537129
Le Mot De La Fin
14 rue Lavoisier
66600 Rivesaltes

ISBN
978-2-9537129-0-2

Imprimé par Presse People
Baillargues-France